EN MIS PROPIAS PALABRAS

Títulos de temas relacionados de Hay House

El Asombroso poder de las emociones, Esther y Jerry Hicks
Cambie sus pensamientos y cambie su vida, Wayne W. Dyer, Ph.D.
Curándote con los ángeles: Cartas oráculas, Doreen Virtue
La desaparición del universo, Gary R. Renard (2009)
El dinero y la Ley de Atracción, Esther y Jerry Hicks (2009)
La edad de los milagros, Marianne Williamson
El fascinante poder de la intención deliberada, Esther y Jerry Hicks
Feng Shui para occidente, Terah Kathryn Collins
Gratitud, Louise L. Hay
Guía diaria de sus ángeles, Doreen Virtue
Inspiración, Wayne W. Dyer, Ph.D.
La Ley de Atracción, Esther y Jerry Hicks
Meditaciones para sanar tu vida, Louise L. Hay
La Matriz Divina, Gregg Braden
¡El mundo te está esperando!, Louise L. Hay
La oración y las cinco etapas de curación, Ron Roth, Ph.D.,
y Peter Occhiogrosso
Pedid que ya se os ha dado, Esther y Jerry Hicks
Pensamientos del corazón, Louise L. Hay
El poder contra la fuerza, David R. Hawkins, M.D., Ph.D.
El poder está dentro de ti, Louise L. Hay
El poder de la intención, Wayne W. Dyer, Ph.D.
Respuestas, Louise L. Hay
Sana tu cuerpo, Louise L. Hay
Sana tu cuerpo A–Z, Louise L. Hay
Sánese con los ángeles, Doreen Virtue
10 Secretos para conseguir el éxito y la paz interior, Wayne W. Dyer, Ph.D.
Sobrevivir para contarlo, Immaculée Ilibagiza
Su realidad inmortal, Gary R. Renard (2010)
Terapia con los ángeles, Doreen Virtue
*Todo lo que siempre deseó saber sobre Su Santidad el Dalai Lama
respecto a la felicidad, la vida, el vivir y mucho más,* Rajiv Mehrotra
Usted puede sanar su vida, Louise L. Hay
Vivir en equilibrio, Wayne W. Dyer, Ph.D.
¡Vivir! Reflexiones sobre nuestro viaje por la vida, Louise L. Hay

❧❧❧

(760) 431-7695 o (800) 654-5126
(760) 431-6948 (fax) o (800) 650-5115 (fax)
Hay House USA: **www.hayhouse.com**®

EN MIS PROPIAS PALABRAS

Introducción a mis enseñanzas y filosofía

Su Santidad el Dalai Lama

Editado por Rajiv Mehrotra

HAY HOUSE, INC.
Carlsbad, California • New York City
London • Sydney • Johannesburg
Vancouver • Hong Kong • New Delhi

Derechos de autor © 2008 por Tenzin G
Fundación Responsabilidad Universal d

Publicado y distribuido en los Estados Unidos por: Hay House, Inc., P.O. Box 5100, Carlsbad, CA 92018-5100 USA • (760) 431-7695 o al (800) 654-5126 • (760) 431-6948 (fax) o al (800) 650-5115 (fax) • www.hayhouse. com®

Supervisión de la editorial: Jill Kramer • *Diseño:* Tricia Breidenthal
Traducción al español: Adriana Miniño: **adriana@mincor.net**

Título del original en inglés: *IN MY OWN WORDS: An Introduction to My Teachings and Philosophy*

ISBN: 978-1-4019-2015-9

Impresión #1: mayo 2009

Impreso en los Estados Unidos

Este libro está dedicado
a todos los seres sensibles
para que logremos liberarnos
de nuestro sufrimiento
y a los grandes maestros
de todas las tradiciones
que nos han enseñado
cómo hacerlo.

◄| CONTENIDO |►

Introducción... ix

Capítulo 1: Sobre la felicidad 1
Capítulo 2: ¿Qué es el budismo?.............................. 21
Capítulo 3: Enseñanzas esenciales del budismo 35
Capítulo 4: La ley del karma 49
Capítulo 5: Transformar la mente............................. 77
Capítulo 6: Cómo meditar 97
Capítulo 7: El despertar de la mente...................... 113
Capítulo 8: Ocho versos para entrenar la mente... 135
Capítulo 9: Vivir y morir de forma significativa.... 147
Capítulo 10: Comprender la vacuidad..................... 161
Capítulo 11: Responsabilidad universal.................. 175
Capítulo 12: La encrucijada de la ciencia 195

Agradecimientos... 210
Agradecimientos por el material con derechos de autor...... 213
La Fundación Responsabilidad Universal 214
Acerca del Dalai Lama 219

⊰ INTRODUCCIÓN ⊱

La Fundación Responsabilidad Universal de Su Santidad el Dalai Lama (Tenzin Gyatso) se siente encantada, bendita y honrada de presentar esta corta introducción, en palabras de Su Santidad misma, con sus ideas, enseñanzas y su mensaje a un mundo resquebrajado y atribulado.

Tenzin Gyatso nació de padres campesinos y se describe a sí mismo como "un simple monje budista." Ha sido aclamado por millones de personas alrededor del planeta por sus profundos conocimientos respecto a la condición humana, la razón de nuestro sufrimiento y las formas en que todos podemos encontrar la felicidad. Esto es producto de su experiencia y de su profundo compromiso continuo y personal, con algunas de las técnicas y prácticas espirituales más sofisticadas y complejas desarrolladas en la historia del hombre.

Para los budistas del mundo, el Dalai Lama personifica el epítome de su fe, de la más elevada aspiración humana; para ellos, él es un *bodhisattva* que decidió conscientemente nacer en forma humana —con todos los inevitables sufrimientos que implican la vejez, las enfermedades y la muerte— con el fin de enseñar y servir a la humanidad.

Para más de seis millones de tibetanos, a pesar del genocidio continuo de China, el Dalai Lama representa la esperanza para un futuro en el Tíbet, en donde podrán ser libres para revivir una civilización antigua que sintetizará lo antiguo con lo moderno, haciendo realidad su visión. Siguiendo con sus enseñanzas budistas, continúa con sus esfuerzos de democratizar a los tibetanos en el exilio. Ha declarado con frecuencia que el asunto del Tíbet no es un asunto sobre el futuro del Dalai Lama, sino sobre los derechos y libertades de todos los tibetanos dentro y fuera del Tíbet. En la actualidad, existen en el exilio y elegidos de forma autónoma, un parlamento, un primer ministro y un poder judicial. Ha suplicado en muchas ocasiones que se le permita retirarse del liderazgo temporal de la causa tibetana, pero su venerable estatura global, y la devoción de su pueblo, hacen que él siga siendo el punto de enfoque central.

Para millones de personas en el mundo, él es simplemente "Su Santidad," alguien famoso por su rostro siempre sonriente y por su mensaje de compasión, altruismo y paz.

El Dalai Lama, como todos los grandes maestros, personifica lo que enseña y practica lo que pregona. A sus setenta y tantos años, sigue una rutina diaria de prácticas que comienzan a las 4 A.M. y siguen por varias horas. Continúa recibiendo instrucciones e iniciaciones de otros lamas. Para él, no ha habido una cúspide, un momento de revelación, que defina la iluminación que todo lo circunda. Aunque es visto y afamado por sus seguidores como un Buda encarnado, él no pretende dicho atributo. Como el Buda, él es un ser humano "ordinario" como cualquiera de nosotros. A través de practicar las etapas del sendero, todos podemos encontrar la felicidad y evitar el sufrimiento.

Su Santidad celebra la diversidad, reconoce la originalidad de cada persona en nuestro planeta; sus necesidades, antecedentes y perspectivas individuales. También nos invita a aprender de sus conocimientos y experiencias, como podemos y debemos hacerlo de todas las tradiciones, y además nos aconseja que evolucionemos en nuestra propia jornada de aprendizaje y crecimiento personal. Nos sugiere que realicemos un escrutinio riguroso a cualquier maestro o enseñanza, urgiéndonos para que tengamos muchísimo cuidado antes de comprometernos con uno de ellos; y no recomienda que sigamos a los amateurs espirituales. No hay atajos en el sendero...; no hay cursos breves de una semana o de un fin de semana para la felicidad y la iluminación. El sendero es el destino, y el momento de embarcarse es el presente siempre manifestándose ante nosotros.

La visión ecléctica y universal del Dalai Lama ha hecho que llegue a multitudes, más allá de su interés por los derechos del pueblo tibetano y de su posición como uno de los maestros espirituales más grandiosos de nuestros tiempos. Con su filosofía de integración, ha llegado a todo tipo de personas y grupos —ha conseguido entablar verdaderos diálogos con otras religiones; conversaciones con científicos, políticos, académicos, empresarios y activistas— para que podamos avanzar colectivamente hacia una celebración sincrética de "unidad en la diversidad," en una comprensión más profunda de cómo vivir juntos en armonía y paz con nosotros mismos, mutuamente, con la tierra y con el universo. Este libro los invita a esta jornada con uno de los más grandes maestros espirituales de la historia.

Capítulo uno

Sobre la felicidad

Una gran pregunta se encuentra en la base de nuestra experiencia, ya sea que pensemos en ella consciente o incoscientemente. *¿Cuál es el propósito de la vida?* He considerado esta pregunta y desearía compartir mis ideas con la esperanza de que pueda ser de beneficio directo y práctico para aquellos que las lean.

Creo que el propósito de la vida es ser felices. Desde el momento del nacimiento, todos los seres humanos deseamos la felicidad y no queremos sufrir. Ningún condicionamiento social, ningún tipo de educación o ideología alteran este hecho. Desde la esencia más profunda de nuestro ser, deseamos sentirnos complacidos. No sé si el universo, con sus innumerables galaxias, estrellas y planetas, tiene o no un propósito más profundo, pero —por lo menos— está claro que los humanos que vivimos en esta tierra, nos enfrentamos con la labor de crear una vida feliz para nosotros mismos. Por lo tanto, es importante descubrir lo que nos brinda el grado más elevado de felicidad.

Para comenzar, es posible dividir toda la felicidad y el sufrimiento en dos categorías principales: mental y física. De las dos, es la mente la que ejerce la mayor influencia sobre la mayoría de nosotros. A menos que estemos gravemente enfermos, o privados de las necesidades básicas, nuestra condición física representa un papel secundario en la vida. Si el cuerpo está contento, prácticamente lo ignoramos. La mente, sin embargo, registra cada evento sin importar lo pequeño que sea. Así pues, debemos dedicarnos con todas nuestras fuerzas a atraer la paz mental.

Desde mi propia y limitada experiencia, he descubierto que el mayor grado de tranquilidad interior proviene del desarrollo del amor y de la compasión. Cuanto más nos interesemos en la felicidad de los demás, mayor será nuestro sentido de bienestar. Cultivar un sentimiento cercano y cálido hacia los demás, le produce alivio automático a la mente.

Ayuda a eliminar los miedos o inseguridades que podamos tener y nos proporciona la fortaleza para lidiar con los obstáculos que podamos encontrar. Es la máxima fuente de éxito en la vida.

Mientras vivamos en este mundo, estamos sujetos a encontrarnos con problemas. Si, en dicho caso, perdemos la esperanza y nos desanimamos, disminuimos nuestra habilidad de enfrentar dificultades. Si, por otro lado, recordamos que no somos solamente nosotros sino todos quienes tenemos que sufrir, esta perspectiva más realista incrementará nuestra determinación y capacidad de superar los problemas. De hecho, con esta actitud, cada nuevo obstáculo puede ser visto como ¡otra valiosa oportunidad de mejorar nuestra mente! Por consiguiente, podemos esforzarnos gradualmente por volvernos más compasivos; es decir, podemos desarrollar al mismo tiempo una simpatía genuina hacia el sufrimiento de los demás y la voluntad de ayudarlos en su dolor. Como resultado, nuestra propia serenidad y fortaleza interior se incrementan.

Nuestra necesidad de amor

A fin de cuentas, la razón por la cual la compasión y el amor nos brindan la máxima felicidad es, sencillamente, porque nuestra naturaleza los aprecia por encima de todo. La necesidad de amor yace en la base intrínseca de la existencia humana. Surge de la interdependencia profunda que todos compartimos. Por muy capaz y talentoso que sea un individuo, éste no sobrevive en soledad. Por muy vigoroso e independiente que uno se pueda sentir durante los periodos más prósperos de la vida, cuando uno se enferma o es muy joven o muy viejo, depende del apoyo de los demás.

La dependencia mutua, por supuesto, es una ley fundamental de la naturaleza. No solamente las formas elevadas de vida, sino también muchos de los insectos más pequeños son seres sociales, los cuales sin religión, ley o educación sobreviven por la cooperación mutua basada en el reconocimiento innato de su conexión. El nivel más sutil del fenómeno material también está gobernado por la dependencia mutua. De hecho, todos los fenómenos —ya sean los océanos, las nubes o los bosques que nos rodean— surgen dependientes de patrones sutiles de energía. Sin interacción apropiada, se disuelven y se deterioran.

Es debido a que nuestra propia existencia humana es tan dependiente de la ayuda ajena, que nuestra necesidad de amor yace en el fundamento básico de nuestra existencia. Por consiguiente, necesitamos desarrollar un sentimiento genuino de responsabilidad y consideración sincera hacia el bienestar de los demás.

Debemos considerar lo que somos en realidad los seres humanos. No somos como objetos hechos por máquinas. Si fuéramos puramente entidades mecánicas, las máquinas podrían aliviarnos de nuestros sufrimientos y satisfacer nuestras necesidades. Sin embargo, puesto que no somos simplemente criaturas materiales, es un error colocar todas nuestras esperanzas de felicidad en el puro desarrollo externo. Más bien, debemos considerar nuestros orígenes y naturaleza para descubrir quiénes somos y qué es lo que necesitamos.

Dejando a un lado la compleja cuestión de la creación y la evolución del universo, podemos por lo menos estar de acuerdo en que cada uno de nosotros es el producto de nuestros propios padres. En general, nuestra concepción tuvo lugar en el contexto del deseo sexual, pero también de la decisión de nuestros padres de tener un hijo. Y esa decisión fue fundada en la responsabilidad y el altruismo; en el compromiso de los padres de cuidar a sus hijos hasta que fueran capaces de cuidarse por sí mismos. Por consiguiente, desde el momento mismo de nuestra concepción, el amor de nuestros padres está presente directamente en nuestra creación. Más aun, somos completamente dependientes del cuidado de nuestras madres desde las etapas más tempranas de nuestro crecimiento. De acuerdo con algunos científicos, el estado mental de una mujer embarazada, ya sea calmada o agitada, tiene un efecto físico directo sobre su futuro hijo.

La expresión del amor también es muy importante en el momento del nacimiento. Puesto que lo primero que hacemos es tomar leche de los senos de nuestra madre, nos sentimos naturalmente cercanos a ella, y ella debe sentir que nos ama para poder alimentarnos apropiadamente; si siente enojo o rencor, su leche puede no fluir libremente. Luego llega el crítico periodo del desarrollo del cerebro desde el momento del nacimiento hasta por lo menos la edad de tres o cuatro años, durante los cuales el contacto físico cariñoso es el factor más importante para el desarrollo normal del niño. Si el niño no es abrazado, mimado, cargado o amado, su crecimiento puede atrofiarse y su cerebro puede no desarrollarse de forma apropiada.

Cuando los niños crecen y entran a la escuela, su necesidad de apoyo debe ser suplida por sus maestros. Si un maestro no solamente imparte educación académica, sino que asume la responsabilidad de preparar a los estudiantes para la vida, sus pupilos sentirán confianza y respeto, y lo aprendido quedará como una impresión indeleble en sus mentes. Por otro lado, las enseñanzas de un maestro que no demuestra verdadero interés en el bienestar general de sus estudiantes no serán retenidas por mucho tiempo.

En estos tiempos, muchos niños crecen en hogares en donde no hay felicidad. Si no reciben el afecto apropiado, más tarde en sus vidas raramente llegarán a amar a sus padres, y no en pocos casos, les será difícil amar a los demás. Esto es muy triste.

A fin de cuentas, puesto que un niño no puede sobrevivir sin el cuidado de los demás, el amor es su sustento más importante. La felicidad de la infancia, el alivio de los muchos temores infantiles y el desarrollo sano de su autoconfianza dependen directamente del amor recibido.

De forma similar, si uno está enfermo y está siendo tratado en el hospital por un doctor que pone de manifiesto un sentimiento de calidez humana, uno se siente calmado; y el deseo del doctor de proporcionar el mejor cuidado posible es de por sí curativo, independientemente del grado de sus habilidades técnicas. Por otro lado, si nuestro doctor carece de sentimientos y manifiesta una expresión poco amistosa, impaciencia o desinterés, uno se siente ansioso incluso si él o ella es el doctor más calificado, la enfermedad ha sido correctamente diagnosticada y se han prescrito las medicinas adecuadas. Inevitablemente, los sentimientos de los pacientes marcan una gran diferencia respecto a la calidad y la extensión de su recuperación.

Incluso cuando nos involucramos en conversaciones ordinarias, si alguien nos habla con amabilidad, disfrutamos escucharlo y respondemos acorde; la conversación se vuelve amena sin importar lo interesante que sea el tema. Por otro lado, si una persona nos habla con frialdad o rudeza, nos sentimos incómodos y deseamos terminar rápidamente la conversación. Desde el evento más insignificante hasta el más importante, el afecto y el respeto de los demás es vital para nuestra felicidad.

Hace poco conocí un grupo de científicos en los Estados Unidos que dijeron que la tasa de enfermedades mentales en su país era bastante elevada: cerca de un 12 por ciento de la población. Durante nuestra conversación, quedó claro que la causa principal de la depresión no era la falta de necesidades materiales, sino la falta de afecto de los demás. Entonces, por todo lo que he escrito hasta ahora, pueden ver que, consciente o inconscientemente, desde el día que nacemos, la necesidad de afecto humano está en nuestra propia sangre. Incluso si el afecto proviene de un animal o de alguien que consideramos un enemigo, tanto los niños como los adultos gravitamos naturalmente hacia él.

Creo que nadie nace libre de la necesidad de amor. Y esto demuestra que, aunque algunas filosofías modernas dicen lo contrario, los seres humanos no podemos ser definidos como puros seres físicos. Ningún objeto material —por muy hermoso o valioso que sea— puede hacernos sentir amados, porque nuestra identidad más profunda y nuestro verdadero carácter yacen en la naturaleza subjetiva de la mente.

Compasión

Algunos de mis amigos me han dicho que aunque el amor y la compasión son maravillosos y buenos, no son realmente muy relevantes. Nuestro mundo, dicen ellos, no es un lugar en donde dichas creencias tienen mucha influencia o poder. Ellos aducen que la ira y el odio son una parte muy grande de la naturaleza humana y que la humanidad siempre estará dominada por ellos. No estoy de acuerdo con eso.

Los humanos hemos existido en nuestra forma actual desde hace cien mil años. Creo que si durante este tiempo, la mente humana hubiera estado controlada principalmente por la ira y el odio, nuestra población general habría disminuido. Pero hoy en día, a pesar de todas nuestra guerras, nos damos cuenta que la población humana es mayor que nunca. Esto me indica claramente que el amor y la compasión predominan en el mundo.

Y esta es la razón por la que los eventos desagradables se convierten en noticias; las actividades compasivas son parte tan común de la vida diaria que las damos por hecho y, por lo tanto, son bastante ignoradas.

Hasta ahora he hablado principalmente de los beneficios mentales de la compasión, pero también contribuyen a la salud física. De acuerdo con mi experiencia personal, la estabilidad mental y el bienestar físico están directamente relacionados. Sin duda alguna, la ira y las perturbaciones nos hacen más susceptibles a las enfermedades. No obstante, si la mente está tranquila y ocupada con pensamientos positivos, el cuerpo no es presa fácil de las enfermedades.

Pero, por supuesto, también es cierto que todos tenemos un egocentrismo innato que inhibe nuestro amor por los demás. Entonces, si nuestro deseo de verdadera felicidad es solamente originado en una mente calmada, y puesto que dicha paz mental es solamente atraída por una actitud compasiva, ¿cómo podemos desarrollar esto? Obviamente, ¡no es suficiente que pensemos en lo agradable que es la compasión! Tenemos que realizar un esfuerzo común para desarrollarla; debemos usar todos los eventos de nuestra vida diaria para transformar nuestros pensamientos y conducta.

Primero que todo, debemos estar claros respecto a lo que concebimos por compasión. Muchas formas de sentimiento compasivo son confundidas con deseo y apego. Por ejemplo, el amor de los padres por sus hijos a menudo está muy asociado con sus propias necesidades emocionales, por lo tanto no es verdad que sea del todo compasivo. En el matrimonio también vemos que el amor entre los esposos depende más del apego que del amor verdadero, particularmente al comienzo, cuando cada miembro de la pareja todavía no conoce muy bien la profundidad del carácter del otro. Nuestro deseo puede ser tan intenso, que la persona a quien estamos apegados puede parecer buena cuando de hecho es alguien muy negativo. Además, tenemos la tendencia a exagerar las pequeñas cualidades positivas. Así, cuando cambia la actitud de un miembro de la pareja, el otro miembro a menudo se desilusiona y también cambia su actitud. Esto es una indicación de que el amor había sido motivado más por necesidad personal que por un interés genuino en el otro individuo.

La verdadera compasión no es simplemente una respuesta emocional, sino un compromiso firme fundado en una razón. Por lo tanto, una actitud verdaderamente compasiva hacia los demás no cambia aun en el caso de que los demás se conduzcan de forma negativa.

Por supuesto, ¡desarrollar este tipo de compasión no es tan fácil! Para comenzar, consideremos los siguientes hechos: ya sean personas hermosas y amigables o poco atractivas y fastidiosas, al fin y al cabo son seres humanos como cada uno de nosotros. Al igual que nosotros desean felicidad y no quieren sufrir. Además, su derecho a superar el dolor y a ser felices es igual al nuestro.

Ahora bien, cuando reconoces que todos los seres son iguales tanto en su deseo de felicidad y en su derecho por obtenerla, automáticamente sientes empatía y cercanía hacia ellos. Al acostumbrar la mente a este sentimiento de altruismo universal, desarrollas un sentimiento de responsabilidad hacia los demás: el deseo de ayudarlos activamente a superar sus problemas. Este deseo no es selectivo; aplica igualmente para todos. Siempre y cuando sean seres humanos experimentado placer y dolor al igual que tú, no hay bases lógicas para discriminarlos o alterar su interés hacia ellos si se conducen de forma negativa.

Permítanme enfatizar que dada la paciencia y el tiempo, en su interior reside el poder para desarrollar este tipo de compasión. Por supuesto, nuestro ego-centrismo —nuestro apego distintivo al sentimiento de un "yo" independiente y autoexistente— funciona fundamentalmente para inhibir nuestra compasión. De hecho, la verdadera compasión solamente puede ser experimentada cuando se elimina esta clase de autoconvencimiento. Pero esto no significa que no podemos comenzar y hacer progresos desde ahora.

Los primeros pasos hacia la compasión

Debemos comenzar por superar los mayores obstáculos a la compasión: la ira y el odio. Como todos sabemos, estas son dos emociones en extremos poderosas y pueden abrumar por completo nuestra mente. No obstante, pueden ser controladas. Si no lo son, estas emociones negativas pueden convertirse en una plaga —¡sin esfuerzo adicional de su parte!— e impedir nuestro camino hacia la felicidad de una mente amorosa.

Entonces, para comenzar, es útil investigar si la ira es o no de valor alguno. Algunas veces, cuando estamos decepcionados ante situaciones difíciles, la ira parece útil, parece atraernos más energía, confianza y determinación. Aquí, no obstante, debemos examinar con cuidado nuestro estado mental. Aunque es cierto que la ira nos brinda energía adicional, si exploramos la naturaleza de esta energía descubrimos que es ciega porque no podemos estar seguros de que sus resultados serán positivos o negativos. Esto ocurre porque la ira eclipsa la mejor parte de nuestro cerebro: su capacidad de raciocinio. La energía de la ira es casi siempre incierta. Puede causar una inmensa cantidad de conducta destructiva y deplorable. Más aun, si la ira se lleva al extremo, uno pude volverse loco actuando en formas perjudiciales para uno mismo y para los demás.

Sin embargo, es posible desarrollar una fuerza igual pero de energía mucho más controlada con la cual lidiar en las situaciones difíciles. Esta energía controlada proviene no solamente de una actitud compasiva, sino también de la razón y la paciencia. Estos son los antídotos más poderosos contra la ira. Desdichadamente, muchas personas malinterpretan estas cualidades como señales de debilidad. Creo que lo opuesto es lo cierto: son verdaderas señales de fortaleza interior. La compasión es por naturaleza gentil, pacífica y suave, pero muy poderosa. Son aquellos que pierden fácilmente la paciencia, quienes son inseguros e inestables. Por consiguiente, para mí, el surgimiento de la ira es una señal directa de debilidad.

Cuando un problema surge en primer lugar, intenta mantener la humildad, mantén una actitud sincera y ocúpate de que el resultado sea justo. Por supuesto, otras personas pueden tratar de aprovecharse de ti; y si tu actitud de desapego solamente estimula agresión injusta, adopta una posición firme. Esto, sin embargo, debe hacerse con compasión; y si es necesario expresar tus ideas y tomar medidas fuertes, no lo hagas con ira o con malas intenciones.

Debes comprender que aunque parezca que tus oponentes te están perjudicando, al final de su actividad destructiva solamente se estarán haciendo daño a sí mismos. Con el fin de controlar tu propio impulso egoísta de venganza, debes recordar tu deseo de practicar la compasión y asumir la responsabilidad de ayudar a prevenir que la otra persona sufra por las consecuencias de sus propios actos. Por consiguiente, en vista de que las medidas empleadas han sido escogidas calmadamente, serán más efectivas, más apropiadas y más intensas. La venganza basada en la energía ciega de la ira rara vez da en el blanco.

Amigos y enemigos

Debo enfatizar de nuevo que tan sólo pensar que la compasión, la razón y la paciencia son buenas no es suficiente para desarrollarlas. Debemos esperar que surjan las dificultades y luego tratar de practicarlas. Y, ¿quién crea dichas oportunidades? No son nuestros amigos, obviamente, sino nuestros enemigos. Ellos son quienes nos dan más trabajo. Entonces, si en verdad deseamos aprender, debemos considerar a nuestros enemigos como nuestros mejores maestros. Para una persona que aprecia la compasión y el amor, la práctica de la tolerancia es esencial, y para eso, es indispensable un enemigo. Entonces debemos sentirnos agradecidos con nuestros enemigos, porque ellos son los que mejor pueden ayudarnos a desarrollar una mente tranquila. También ocurre a menudo, tanto en la vida pública como privada, que con un cambio de circunstancias, los enemigos pueden convertirse en amigos.

Vemos entonces que la ira y el odio son siempre perjudiciales, y a menos que entrenemos nuestras mentes y trabajemos en reducir su fuerza negativa, seguirán perturbándonos y afectando nuestros intentos de desarrollar una mente calmada. La ira y el odio son nuestros verdaderos enemigos. Son las fuerzas que más debemos enfrentar y vencer, no los "enemigos" temporales que aparecen intermitentemente a través de la vida.

Por supuesto, es natural y correcto que todos deseemos amigos. A menudo bromeo diciendo que si uno de verdad desea ser egoísta, ¡debería ser muy altruista! Deben cuidar muy bien de los demás, atender su bienestar, ayudarlos, servirlos, hacer más amigos, sonreír más. ¿El resultado? Cuando necesiten ayuda, ¡encontrarán muchos ayudantes! Por otro lado, si descuidan la felicidad de los demás, a la larga ustedes serán los perdedores. ¿Se logra acaso la amistad a través de discusiones, ira, envidia y competencia intensa? No lo creo. Solamente el afecto nos brinda amigos genuinos y cercanos.

En la sociedad materialista de hoy en día, si tienes dinero y poder, pareces tener muchos amigos. Pero ellos no son tus amigos; son amigos de tu dinero y de tu poder. Cuando pierdas tu riqueza y tu influencia, te será muy difícil encontrar a esos amigos.

El problema es que cuando las cosas en el mundo van bien para nosotros, confiamos en que podemos lidiar con ellas por nuestros propios medios y sentimos que no necesitamos amigos; pero cuando declina nuestro prestigio y nuestra salud, nos damos cuenta rápidamente lo equivocados que estábamos.

Ese es el momento en que aprendemos quién es en verdad útil y quién es completamente inútil. Entonces, para prepararse para ese momento, para hacer amigos genuinos que los ayudarán cuando surja la necesidad, ¡debemos cultivar el altruismo!

Aunque algunas veces las personas se ríen cuando les digo que en cuanto a lo que a mí respecta, siempre deseo tener más amigos. Me encantan las sonrisas. Por esta razón, sé cómo hacer más amigos y cómo recibir más sonrisas, en particular, sonrisas genuinas. Porque hay muchos tipos de sonrisas: sarcásticas, artificiales o diplomáticas. Muchas sonrisas no producen un sentimiento de satisfacción y a veces pueden incluso crear recelo o miedo, ¿no es cierto? Pero una sonrisa genuina realmente nos proporciona una sensación de frescura, y según creo, es única de los seres humanos. Si éstas son las sonrisas que deseamos, entonces debemos crear las razones para que ellas aparezcan.

Compasión y el mundo

En conclusión, me gustaría expandir brevemente mis ideas más allá del tema de este corto texto y expresar un punto más amplio: la felicidad individual puede contribuir en forma profunda y efectiva a la mejoría general de toda nuestra comunidad humana.

En virtud de que todos compartimos una necesidad idéntica de amor, es posible sentir que cualquier ser que conocemos, en cualquier circunstancia, es un hermano o una hermana. No importa qué tan distinto luzca el rostro o qué tan distinto sea el vestido o la conducta, no hay división significativa entre nosotros y los demás. Es una banalidad fijarse en las diferencias externas, porque nuestra naturaleza básica es la misma.

A fin de cuentas, la humanidad es sólo una, y este pequeño planeta es nuestro único hogar. Si deseamos proteger nuestro hogar, cada uno de nosotros necesita experimentar un intenso sentido de altruismo universal. Solamente este sentimiento puede despojarnos de los motivos egocéntricos que hace que las personas se engañen y se hagan daño mutuamente. Si tienes un corazón sincero y abierto, sentirás naturalmente tu propio valor y tu confianza, y no habrá necesidad de temer a los demás.

Creo que en cada nivel de la sociedad —familiar, tribal, nacional e internacional— la clave para un mundo más feliz y con mayor éxito es el cultivo de la compasión. No tenemos que volvernos religiosos, no tenemos que creer en una ideología. Lo único necesario es que cada uno de nosotros desarrolle buenas cualidades humanas.

Siempre hago el intento de tratar a toda persona que conozco como si fuera un viejo amigo. Esto me proporciona un sentimiento genuino de felicidad. Es la práctica de la compasión.

Capítulo dos

¿Qué es el budismo?

Practicar el budismo es librar una batalla entre las fuerzas negativas y positivas en tu mente. Durante la meditación se pretende aminorar lo negativo y desarrollar e incrementar lo positivo.

No existen marcadores físicos por medio de los cuales se pueda medir el progreso en la batalla entre las fuerzas negativas y positivas de la conciencia. Los cambios comienzan cuando te identificas primero y reconoces tus falsas ilusiones y engaños como la ira y la envidia. Luego, uno debe conocer los antí-dotos contra esos engaños, y ese conocimiento se obtiene escuchando las enseñanzas. No existe una forma sencilla para deshacerse de las falsas ilusiones.

No pueden ser extraídas quirúrgicamente. Primero deben ser reconocidas y luego, a través de la práctica de estas enseñanzas, pueden ser reducidas gradualmente y eliminarse por completo.

Estas enseñanzas ofrecen los medios para liberarse de las falsas ilusiones, un sendero que conduce eventualmente a la liberación de todo sufrimiento y a la gloria de la iluminación. Cuanto más llega uno a comprender el *Dharma,* o las enseñanzas budistas, más débil es el control del orgullo, del odio, de la ambición y de otras emociones negativas que causan tanto sufrimiento. Aplicar esta comprensión a la vida diaria durante un periodo de meses y años transforma de manera gradual la mente porque, a pesar del hecho de que a menudo parece lo contrario, la mente sí está sujeta a cambios. Si comparas tu estado mental ahora con tu estado mental después de leer este libro, podrías notar algunas mejoras. Si así fuera, estas enseñanzas habrán cumplido con su propósito.

La palabra *dharma* en sánscrito significa "aquello que sostiene." Todos los seres existentes son dharmas, fenómenos, en el sentido de que sostienen o albergan su propia entidad o carácter. Una religión también es dharma en el sentido de que ayuda o protege a las personas de desastres. Aquí el término

Dharma se refiere a esta última definición. En términos generales, cualquier acción elevada del cuerpo, del habla o de la mente es considerada dharma porque a través de dicha acción, uno se protege o impide todo tipo de desastres. La práctica de dichas acciones es la práctica del Dharma.

El Buda

Buda Shakyamuni nació como príncipe en la India hace más de 2,500 años. Desde niño fue muy maduro tanto en su sabiduría como en su compasión. Comprendió que por naturaleza, todos los seres deseamos la felicidad y no queremos sufrir.

El sufrimiento no siempre proviene del exterior. No solamente se relaciona con hambrunas y sequías. Si así fuera, podríamos protegernos del sufrimiento, digamos, almacenando comida. El sufrimiento en forma de enfermedades, envejecimiento y muerte, está relacionado con la naturaleza misma de nuestra existencia y no podemos superarlo cambiando las condiciones externas. Más aun, contamos con esta mente indómita, susceptible a todo tipo de problemas, que se aflige con pensamientos negativos como la duda y la ira. Siempre y cuando nuestra mente esté siendo asediada por esta multitud de pensamientos negativos, aunque tengamos ropas suaves y cómodas y alimentos deliciosos, estas cosas no resolverán nuestros problemas.

Motivado por la compasión hacia todos los seres sensibles, Buda Shakyamuni observó todos estos problemas y reflexionó sobre la naturaleza de su propia existencia. Descubrió que todos los seres humanos sufren y vio que experimentamos esta infelicidad debido al estado indisciplinado de la mente. Vio que nuestras mentes son tan frenéticas que a menudo ni siquiera podemos dormir durante la noche. Al verse enfrentado a esos dilemas, fue lo suficientemente sabio como para preguntarse si había un método para superarlos.

Decidió que llevar la vida de un príncipe en un palacio no era la forma de eliminar el sufrimiento. Más bien, era un obstáculo. Entonces renunció a todas sus comodidades, incluyendo a la compañera de su vida y a su hijo, y se embarcó en una vida errante sin hogar. En el transcurso de su búsqueda, consultó a muchos maestros y escuchó sus instrucciones. Descubrió que sus enseñanzas eran útiles, pero no podían ofrecerle una verdadera solución al problema de cómo eliminar el sufrimiento.

Pasó seis años como estricto asceta. Al renunciar a todo lo que había disfrutado como príncipe y embarcarse en una práctica estricta como asceta, logró fortalecer su sabiduría contemplativa. Sentado bajo el árbol de la iluminación (higo sagrado), superó las fuerzas obstructoras y logró la iluminación. Posteriormente, comenzó a enseñar, a girar la rueda de la doctrina, basado en su propia experiencia y realización.

Cuando hablamos del Buda, no estamos hablando de alguien que fue un Buda desde el comienzo. Él comenzó igual que nosotros. Era un ser sensible ordinario que observó el mismo sufrimiento que nosotros vemos: nacimiento, envejecimiento, enfermedad y muerte. Tuvo diversos pensamientos y sentimientos —felices y dolorosos— al igual que nosotros. Pero como resultado de esta práctica intensa e integrada, fue capaz de lograr varios niveles del sendero espiritual hasta culminar en la iluminación.

A veces cuando reflexiono en la vida de Buda Shakyamuni, siento cierta intranquilidad. Aunque sus enseñanzas pueden ser interpretadas en varios niveles, es evidente que, según el recuento histórico, Buda Shakyamuni pasó por seis años de una intensa práctica. Esto demuestra que la mente no puede ser transformada puramente durmiendo, descansando y disfrutando de todas las comodidades de la vida. Demuestra que solamente a través del trabajo arduo y de sufrir durante un largo periodo de tiempo, uno es capaz de lograr la iluminación.

No es fácil lograr alcanzar todos los niveles y realizaciones espirituales en un corto periodo de tiempo sin hacer ningún esfuerzo. Aun el Buda, el proponente de la enseñanza que estamos siguiendo, tuvo que experimentar un arduo trabajo. ¿Cómo, entonces, podemos esperar ascender a las alturas espirituales y alcanzar la iluminación, simplemente realizando ciertas supuestas prácticas y disfrutando de un tiempo de descanso? Si leemos las historias de los grandes maestros espirituales del pasado, descubrimos que ellos lograron alcanzar la realización espiritual a través de mucha meditación, soledad y práctica. No tomaron atajos.

La raíz del sufrimiento es la ignorancia, que significa en este caso, la interpretación errónea del ser. Toda la miríada de calamidades que encontramos surge debido a esta interpretación errónea, a este error conceptual. Por lo tanto, cuando se dice que el Buda se deshizo de todas las visiones erróneas de la compasión, significa que él tuvo la compasión de trabajar para el beneficio de todos los seres sensibles. Con el fin de beneficiar a todos los seres sensibles, ofreció varios niveles de enseñanzas libres de visiones erróneas y pensamientos negativos. Por consiguiente, aquellos que siguen sus enseñanzas, al comprender la visión correcta y ponerla en práctica, serán capaces de eliminar el sufrimiento. Le rendimos homenaje a Buda Shakyamuni por habernos entregado sus sublimes enseñanzas.

El motivo principal que impulsó al Buda a lograr sus grandes cualidades en cuanto a su cuerpo, habla y mente, fue la compasión. La esencia de nuestra práctica también debería ser ayudar a los demás. Un anhelo tan altruista está naturalmente presente en nuestros corazones ante el reconocimiento de que los demás desean, al igual que nosotros, ser felices y evitar el sufrimiento. Es como una semilla que puede ser protegida y cultivada a través de la práctica. Todas las enseñanzas del Buda tratan esencialmente de desarrollar este tipo de corazón amable y mente altruista.

El sendero del Buda está basado en la compasión, el deseo de ayudar a liberar a los demás del sufrimiento. Esto nos lleva a la comprensión de que el bienestar de los demás es a fin de cuentas más importante que el nuestro, pues sin los demás no habría práctica espiritual ni oportunidad para la iluminación. No pretendo poseer gran sabiduría ni gran realización, más bien, me sustento en la gentileza de los maestros que me enseñaron estas instrucciones; y es por el gran interés que siento por el bienestar de todos los seres, que les ofrezco estas enseñanzas.

Dharma en el Tíbet

Esta preciosa vida humana como un ser humano libre y afortunado puede obtenerse solamente una vez. Aunque hemos vivido innumerables vidas en el pasado, jamás hemos sido capaces de colocar una vida humana preciosa para que sea de tanta utilidad. Hoy, somos afortunados de haber encontrado una vida en la que nuestras facultades mentales y físicas están intactas, y tenemos un poco de interés en practicar el Dharma. Una vida tal es única. De igual forma, el Dharma al que tenemos acceso es único. Primero, se derivó del Buda en la India, y luego fue transmitido a grandes maestros indios ulteriores.

Gradualmente, llegó a prosperar en el Tíbet, y esa tradición de práctica budista sigue muy viva. En el Tíbet, la Tierra de las Nieves, hemos mantenido un rango completo de práctica de las enseñanzas del Buda. Por lo tanto, en este momento es extremadamente importante que hagamos un esfuerzo concertado en usarla, para realizar el mejor de los propósitos para nosotros y para los demás seres sensibles.

El budismo no llegó al Tíbet sino hasta el siglo VIII, y en el siglo XIX su práctica fue prohibida por el Rey Lang-dar-ma. Éste clausuró los monasterios, los cuales habían sido los centros primarios de las enseñanzas, como lo han hecho hoy en día los chinos. La destrucción del budismo en manos de Lang-dar-ma fue extensa, pero aun así fue posible practicarla en regiones remotas, y la tradición fue preservada.

En el siglo XI surgió confusión respecto a la existencia de dos enfoques respecto a la práctica de las enseñanzas: una era el *sutra,* o el sendero del estudio y la práctica por medio de los cuales se lleva varias vidas lograr la iluminación; y el *tantra,* las prácticas secretas por medio de las cuales se podía lograr la iluminación en una sola vida. En el siglo XI, un monje indio llamado Atisha se hizo famoso por su capacidad de explicar y defender las enseñanzas budistas en debates con filósofos no budistas. Fue capaz de reunir todas las diversas posiciones filosóficas budistas que se habían desarrollado a lo largo de los siglos, así como los sistemas de práctica de laicos y monjes. Fue considerado como un maestro independiente y magistral por todas las escuelas filosóficas.

En el budismo tibetano existen cuatro escuelas: Nyingma, Sakya, Geluk y Kagyu. Es un gran error pretender que una de estas escuelas sea superior a otra. Todas siguen al mismo maestro, el Buda Shakyamuni; todas han combinado los sistemas de sutra y tantra. Yo trato de cultivar la fe y la admiración por las cuatro escuelas. No lo hago sólo como un gesto diplomático, sino debido a una sólida convicción. También es conveniente para mi posición como Dalai Lama, el conocer lo suficiente de las enseñanzas de las cuatro escuelas para poder ofrecer consejo a aquellos que acuden a mí. De lo contrario, sería como una madre sin brazos que observa a su hijo mientras se ahoga.

En una ocasión, un meditador de la escuela de Nyingma vino a mí y me formuló una pregunta relacionada con cierta práctica que yo no conocía muy bien. Lo envié donde un gran maestro que podía responder a su pregunta, pero me sentí triste porque él vino con toda sinceridad buscando en mí la enseñanza y yo no había sido capaz de cumplir con su deseo. Otra cosa es cuando el deseo de otro está más allá de nuestra capacidad de cumplirlo. Sin embargo, siempre y cuando esté en nuestra capacidad, es muy importante cumplir con las necesidades espirituales de tantos seres sensibles como sea posible. Debemos estudiar todos los aspectos de las enseñanzas y desarrollar la admiración por ellas.

No debemos considerar el budismo tibetano superior a otras formas de budismo: en Tailandia, Birmania y Sri Lanka, los monjes se han comprometido con sinceridad a la práctica de la disciplina monástica; y al contrario de los monjes tibetanos, mantienen la costumbre de pedir limosna para sus comidas lo cual practicaban hace 2,500 años el Buda y sus discípulos. En Tailandia, me uní a un grupo de monjes en sus rondas: era un día soleado y caliente; y puesto que la tradición es ir sin zapatos, mis pies se llegaron a quemar verdaderamente. Fue inspirador ver la práctica de los monjes tailandeses.

En estos días, muchas personas solamente ven negativismo en la práctica de tradiciones espirituales o religiones. Solamente ven cómo las instituciones religiosas explotan a las masas y se llevan sus posesiones. Sin embargo, las fallas que ven no son fallas de las tradiciones en sí mismas, sino de las personas que pretenden ser seguidores de dichas tradiciones, como los miembros de monasterios o iglesias que usan excusas espirituales para su propio beneficio a expensas de sus adherentes. Si los practicantes espirituales son negligentes, se refleja en todas las personas involucradas en dicha práctica. Los intentos de corregir las fallas de las instituciones son a menudo malinterpretados como un ataque a las tradiciones como tales.

Muchas personas concluyen que las religiones son perjudiciales y no pueden ayudarlos. Rechazan cualquier tipo de fe. Otros son totalmente indiferentes a las prácticas espirituales y están satisfechos con sus formas mundanas de vida. Tienen comodidades físicas y materiales y no están a favor ni en contra de ninguna religión. No obstante, todos somos iguales en el sentido de que todos anhelamos conseguir la felicidad y evitar el sufrimiento.

En la práctica budista, en vez de evitar estos sufrimientos, los visualizamos deliberadamente; el dolor del nacimiento, el dolor de envejecer, el dolor de las fluctuaciones de prestigio, el dolor de la incertidumbre en esta vida y el dolor de la muerte. Intentamos deliberadamente de pensar en ellos para que cuando realmente los enfrentemos, estemos preparados. Cuando nos encontremos con la muerte, sabremos que ha llegado nuestra hora. Eso no significa que no protejamos nuestros cuerpos. Cuando estamos enfermos, tomamos medicinas y tratamos de eludir la muerte. Pero siendo la muerte inevitable, el budista debe estar preparado.

Dejemos por un momento al lado la cuestión de la vida después de la muerte, la liberación o el estado omnisciente. Incluso en esta vida, pensar en el Dharma y creer en el Dharma tiene beneficios prácticos. En el Tíbet, a pesar de que los chinos han impuesto destrucción y torturas sistemáticas, el pueblo no ha perdido su esperanza y su determinación. Creo que esto es debido a la tradición budista.

Aunque la destrucción del budismo no ha sido llevada a cabo por tanto tiempo por el gobierno chino, como lo fue bajo el mando de Lang-dar-ma en el siglo IX, la extensión de la destrucción es mucho mayor. Cuando Lang-dar-ma destruyó el Dharma, fue Atisha quien vino al Tíbet y restauró la práctica entera del budismo. Ahora, seamos o no capaces de hacerlo, recae sobre todos nosotros la responsabilidad de restaurar lo que ha sido sistemáticamente destruido por los chinos. El budismo es un tesoro designado para el mundo entero. Enseñarlo y escucharlo es una contribución a la prosperidad de la humanidad. Puede haber muchos puntos que no puedan practicar de inmediato, pero manténganlos en su corazón hasta que sean capaces de practicarlos en un año, o en cinco o diez años, siempre y cuando no olviden las enseñanzas.

A pesar de que nosotros los tibetanos exiliados hemos sido azotados por la tragedia de haber perdido nuestro país, en general seguimos siendo libres de obstáculos para la práctica del Dharma. En cualquier país que vivimos, tenemos acceso a las enseñanzas del Buda a través de los maestros exiliados, y sabemos cómo crear las condiciones propicias para la meditación. Los tibetanos llevan haciendo esto por lo menos desde el siglo VIII. Aquellos que permanecieron en el Tíbet después de la invasión china en la década de los años cincuenta han sufrido grandes penurias físicas y mentales. Los monasterios fueron evacuados, los grandes maestros fueron encarcelados y la práctica del budismo se convirtió en delictiva bajo pena de cárcel e incluso la muerte.

Debemos usar todas las oportunidades para practicar la verdad, para mejorarnos, en vez de esperar a que estemos menos ocupados. Las actividades de este mundo son como una onda en un estanque, cuando una desaparece, otra emerge; no acaban nunca. Las actividades mundanas no se detienen hasta el momento de la muerte; debemos intentar encontrar un momento en nuestras actividades diarias para practicar el Dharma. En esta coyuntura —en donde hemos obtenido esta preciosa forma humana, nos hemos encontrado con el Dharma y tenemos algo de fe en él— si no somos capaces de ponerlo en práctica, será difícil para nosotros practicarlo en vidas futuras cuando no tendremos dichas condiciones. Ahora que nos hemos encontrado con un sistema tan profundo, en el que el método entero para el logro de la iluminación está accesible, sería muy triste si no intentáramos que el Dharma tuviera un poco de impacto en nuestras vidas.

❧❧❧

Enseñanzas esenciales del budismo

Las Cuatro Nobles Verdades

El Buda comenzó sus enseñanzas luego de llegar a la iluminación después de su meditación hace 2,500 años. El primer tema del que habló trataba de las Cuatro Nobles Verdades.

La primera noble verdad es la verdad del sufrimiento, el hecho de que nuestra felicidad está constantemente pasando a nuestro lado. Todo lo que poseemos está sujeto a la impermanencia. Nada de lo que consideramos real es permanente. La ignorancia, el apego y la ira son las causas de nuestro sufrimiento incesante. Por consiguiente, la segunda noble verdad es comprender este origen del sufrimiento. Cuando eliminas la raíz del sufrimiento (las falsas ilusiones), logras un estado en donde cesa el sufrimiento: la tercera noble verdad o nirvana. La cuarta noble verdad es que existe un sendero hacia la extinción del sufrimiento. Para lograr ese estado en el interior de tu propia mente, debes seguir un sendero.

Con el fin de entender estas cuatro verdades, es necesario reconocer que están basadas en otras dos verdades denominadas: la verdad relativa y la verdad absoluta. En el nivel de la verdad relativa, esto o lo otro, yo o el otro... cada uno parece tener una existencia independiente. Pero desde el punto de vista de la verdad absoluta, descubrimos que cada objeto y cada ser existen solamente dependientes de todas las otras entidades existentes.

Con esta percepción llega la comprensión del modo más sublime de existencia, a saber, la ausencia total de existencia independiente o intrínsecamente aislada de cualquier cosa en lo absoluto. Esta sublime naturaleza del fenómeno es llamada vacuidad, y estos dos conceptos diferentes son conocidos como los modos convencional y sublime del fenómeno. Al comprender estas dos verdades de la naturaleza real del fenómeno, uno ve que ellas emanan dependientes de condiciones y que carecen por completo de una existencia independiente propia. Cuando se reúnen ciertas condiciones, surge este fenómeno; si las condiciones cooperadoras no se reúnen, o si llegan a cesar, entonces el fenómeno no existe. Este es el proceso por medio del cual surge y desaparece el fenómeno.

Al explicar las Cuatro Nobles Verdades, lo haré no en el contexto de un individuo, sino más bien en el contexto de toda la humanidad o de esta comunidad mundial, la sociedad humana. Ahora, antes que todo viene la primera verdad, la verdad del sufrimiento. Hay una amplia variedad de sufrimientos pero, ahora mismo, el más temible y el más serio es el relacionado con las guerras. La situación del mundo es tal, que está en peligro no solamente la vida de todo individuo, sino también la vida de la población de todo el planeta.

Enseguida, al buscar la fuente del sufrimiento, uno descubre que esta fuente está en la mente: específicamente, en los factores mentales y en distorsiones mentales como el apego y la ira. Así como un mal relacionado con la ira, a saber, la envidia. La ira, el odio y similares son la fuente real del sufrimiento. Ciertamente, existen armas externas, pero estas armas de por sí no son la fuente del problema pues deben ser empleadas por seres humanos; no pueden funcionar por sí mismas, y para que los seres humanos las empleen debe haber una motivación. Estas motivaciones son principalmente el odio y el apego, especialmente el odio.

Este es un estado vicioso de la mente. Si sentimos alegría, felicidad o tranquilidad, tenemos paz interior. Si no tenemos paz interior o paz mental, ¿cómo podemos tener paz exterior? No funciona arrojar bombas atómicas sobre la gente; para buscar el arraigo de la paz, uno debe girarse hacia la mente. Para destruir las fallas de la mente, las armas externas no son útiles en lo absoluto. La única forma es esforzarse en controlar la propia mente.

Llegamos ahora a la verdad de la extinción del sufrimiento. Está claro que la extinción de las distorsiones mentales, como la ira y la envidia, a pesar de que pueden llegar a ser erradicadas, es algo que podemos buscar en el futuro. Lo que debemos hacer ahora es tratar de vislumbrar el futuro. Una clara comprensión de lo que parece probable en nuestro futuro seguramente reduciría defectos mentales tales como la ira. Reducir la ira con efectividad requiere que evitemos las condiciones que la producen como el orgullo y la envidia. Debemos abandonar esas condiciones, y además, acostumbrarnos a estados mentales que sean incompatibles con la envidia y el orgullo. Es un hecho verificable que dichas distorsiones mentales pueden ser reducidas.

La verdad del sendero hacia la extinción del sufrimiento tiene en su raíz más profunda... la compasión. Esto involucra desarrollar la bondad y la mente bondadosa, es decir, desarrollar motivación hacia el servicio y el beneficio de los demás. Esta es la pura esencia del sendero hacia el cese del sufrimiento. Para cultivar la compasión, es necesario minimizar los efectos de las divisiones en la humanidad como: la raza, la cultura, la apariencia y la diversidad de las tradiciones filosóficas. Al dejar a un lado estas clasificaciones, uno percibe con claridad el hecho de que los seres humanos son seres humanos y tienen este gran factor en común, ya sean orientales u occidentales, creyentes o no creyentes: todos somos seres humanos, es decir, seres de la misma especie. Desde este reconocimiento llega un verdadero sentido de hermandad, de amor mutuo, de interés por los demás, de menos egoísmo. Estas cosas son esenciales. Este tipo de esfuerzo es de hecho difícil, pero también es totalmente indispensable.

El Bienaventurado dijo: "Estos son verdaderos sufrimientos, estas son verdaderas fuentes, estas son verdaderas extinciones, estos son verdaderos caminos. Los sufrimientos deben ser conocidos, sus fuentes deben ser abandonadas, sus extinciones deben ser actualizadas, los senderos deben ser cultivados. Los sufrimientos deben ser conocidos; luego, no habrá más sufrimiento. Las fuentes del sufrimiento deben ser abandonadas; luego, no habrá más fuentes. La extinción del sufrimiento debe ser actualizada; entonces, no habrá más extinciones. Los senderos deben ser cultivados; entonces, no habrá más senderos." Estas son las Cuatro Nobles Verdades respecto a sus entidades, sus acciones requeridas y las acciones junto a sus efectos.

El Noble Óctuple Sendero

El sendero es la esencia de la vida budista. Seguirlo destruye las semillas de las falsas ilusiones. El noble sendero de la liberación definitiva consiste en *recta comprensión, rectos pensamientos, rectas palabras, recta acción, rectos medios de vida, recto esfuerzo, recta atención* plena y *recta concentración*. Su naturaleza y funciones son las siguientes:

- **Recta comprensión** es discernir la visión a través de medios analíticos en el periodo pensante posterior a la meditación. *Esto es lo que he llegado a comprender* *durante el periodo estable de la meditación en cuanto a la realidad de las cuatro nobles verdades.*

- **Recto pensamiento** es examinar cómo el profundo significado ya captado a través de las razones y señales correctas, cumple con el sentido de los sutras para que su significado pueda ser comprendido y explicado a los demás.

- **Rectas palabras** es demostrarle a los demás —por medio de las enseñanzas, el debate y la escritura— la naturaleza de la realidad libre de la elaboración propia de las puras palabras, y llevarlos a la convicción de que es la visión perfecta. Esto es palabras puras, libres de engaños, etc.

- **Recta acción** es la conducta ética que lleva a los demás a la convicción de que nuestras actividades siguen la doctrina y están en armonía con la ética pura.

- **Rectos medios de vida** es convencer a los demás de que nuestra manera de vivir es correcta, no está contaminada con los malos frutos de las formas de vivir erróneas, y está libre de conductas lisonjeras, de adulación y similares.

• **Recto esfuerzo** es meditar repetidamente sobre el significado de la realidad que ya ha sido vista, la cual es, por consiguiente, un antídoto contra las falsas ilusiones que deben ser abandonadas en el sendero de la meditación.

• **Recta atención** plena es mantener el propósito de la calma perdurable y meditación de introspección sin olvido, lo cual actúa como un antídoto contra el olvido de las falsas ilusiones secundarias.

• **Recta concentración** es establecer la estabilización meditativa libre de fallas de laxitud y agitación en la estabilización, lo cual actúa como un antídoto contra los obstáculos y conlleva al logro progresivo de las cualidades del sendero.

Ética básica

A pesar de que el entrenamiento en ética asume muchas formas, su base se conforma a seguir los diez preceptos. De los diez preceptos, tres pertenecen a las acciones físicas, cuatro a las acciones verbales y tres a las acciones mentales.

Los tres preceptos físicos son:

- **Abstención de matar seres vivos:** lo que varía desde matar a un insecto hasta matar a un humano.

- **Abstención de robar:** tomar la propiedad ajena sin consentimiento sin importar su valor, o si la obra es ejecutada por uno mismo o por otro.

- **Abstención de conducta sexual inapropiada:** cometer adulterio.

Los cuatro preceptos verbales son:

- **Abstención de mentir:** engañar a los demás a través de palabras habladas o gestos físicos.

- **Abstención de difamar:** crear disensión causando discordia en las personas que concuerdan o causando que las personas que no están de acuerdo, entren en discordia aún mayor.

- **Abstención de rudeza:** abusar de los demás.

- **Abstención de hablar banalidades:** hablar sobre cosas banales motivados por el deseo, etc.

Los tres preceptos mentales son:

- **Abstención de la codicia:** pensar: *Ojalá esto fuera mío,* deseando algo que pertenece a otro.

- **Abstención de perjudicar o hacer daño:** desear el daño a los demás, ya sea grande o pequeño.

- **Abstención de ideas erróneas:** considerar algo existente —como la reencarnación, la causa y efecto o las Tres Joyas

(Buda, su Doctrina y la Comunidad Espiritual)— como no existente.

La selección de un maestro

Es de conocimiento común que para lograr los resultados deseados, es esencial reunir los factores conductivos y eliminar los obstáculos. Planificamos con anterioridad, ya sea que estemos trabajando en los desarrollos de la ciencia y la tecnología, de la economía o de cualquier otra área. Cuando seguimos los pasos que hemos establecido, es casi seguro que lograremos los resultados que nos hemos propuesto. Puesto que el propósito de la práctica del Dharma es esencialmente llegar a la iluminación, debemos ser muy cuidadosos al planificar e implementar nuestro curso de acción. Por lo tanto, es muy importante encontrar un maestro espiritual apto y calificado.

La persona que tomes como tu maestro espiritual debe ser alguien calificado. Debe ser por lo menos bondadoso y debe haber domado su propia mente, porque el puro propósito de adoptar a alguien como tu maestro espiritual es domar la mente. Esto significa que el maestro espiritual debe ser alguien que ha logrado la realización a través de la práctica constante.

Teniendo en cuenta que el maestro espiritual representa un papel crucial en nuestra búsqueda de la realización, el Buda ha definido extensamente sus calificaciones. Resumiendo las cualidades esenciales de un maestro espiritual, la persona debe ser fiel a su práctica y debe tener amplios conocimientos del Dharma. Por lo tanto, es esencial que examinemos un potencial maestro espiritual antes de establecer una relación de maestro a discípulo con esa persona. Es definitivamente apropiado escuchar sus enseñanzas, pues dicho tipo de contacto nos ofrecerá una experiencia vívida de la habilidad de enseñar de la persona. Para evaluar la práctica personal del maestro, debemos examinar su estilo de vida. También podemos aprender de la persona por otras personas que la conozcan. También es útil conocer a la persona en otros contextos.

Luego, cuando te sientas cómodo, debes considerar adoptar a esa persona como tu maestro o maestra espiritual. Una vez que has aceptado a tu maestro espiritual, es esencial cultivar un sentido apropiado de la fe y respetar y acatar sus instrucciones espirituales. Es importante aclarar que la fe y el respeto no implican fe *ciega*. Por el contrario, debe haber un enfoque más informado. En los sutras, el Buda explica que un discípulo debe acatar las instrucciones virtuosas del maestro espiritual pero hacer caso omiso de las órdenes malsanas. Los textos sobre disciplina siguen una línea similar, señalando que no debes aceptar nada que un maestro sugiera que no esté de acuerdo con el Dharma.

El criterio principal para decidir si la instrucción de un maestro es o no aceptable, es ver si cumple con los principios budistas fundamentales. Cuando lo hace, debemos obedecer respetuosamente. Dicha enseñanza seguramente producirá resultados positivos. Cuando el consejo de un maestro contradice los principios budistas, debes dudar y buscar aclaración. Por ejemplo, si se le pide a un clérigo que beba alcohol, eso iría en contradicción con los votos de su ordenación. Por eso, a menos que el maestro ofrezca una razón especial para hacerlo, es más sabio ignorar la orden del maestro.

Resumiendo, el maestro espiritual debe ser experto en los tres entrenamientos de la ética, la meditación y la sabiduría. Esto, a la vez, requiere una comprensión de los tres discursos, lo cual implica que él o ella debe tener conocimiento de las escrituras. El maestro espiritual debe ser alguien que pueda responder a tus preguntas de forma directa y aclarar tus dudas, y cuya apariencia exterior y conducta indiquen o correspondan con la realización interior. Hay un proverbio que dice que las rayas del tigre son visibles, pero las de los seres humanos no lo son; aun así, podemos determinar cómo son las personas por la forma en que se presentan ante nosotros.

Una vez que has encontrado y desarrollado tu fe en un maestro espiritual, es importante evitar una ruptura en la relación. ¿Cómo puedes entonces relacionarte con esa persona?

Podemos pensar de la siguiente manera: *teniendo en cuenta que los Budas están activamente involucrados en trabajar por el bienestar de los seres sensibles, y nosotros estamos entre aquellos que buscamos la liberación, debe haber un medio por el cual podamos recibir su inspiración y sus bendiciones*. Éste es el papel del maestro espiritual, pues es el maestro espiritual quien induce una transformación en el interior de nuestras mentes.

❀❀❀

Capítulo cuatro

La ley del karma

Imagínate una yunta dorada a la deriva en medio del vasto océano. En las profundidades de ese océano una sola tortuga ciega nada y sale a la superficie en busca de aire una vez cada cien años. ¿Qué tan raro sería que esa tortuga saliera a la superficie con su cabeza justo a través del agujero de la yunta? El Buda dice que es todavía más raro reencarnar en una preciosa vida humana.

Se dice que incluso los dioses envidian nuestra existencia humana porque es la mejor forma de existencia para la práctica del Dharma. Hay unos cinco mil millones de personas en este mundo, y todos ellos son seres humanos: sus manos, cerebros, extremidades y cuerpos son casi iguales. Pero si analizamos que todos los seres humanos tienen la oportunidad para practicar el Dharma, encontraremos algunas diferencias. Nosotros estamos libres de circunstancias adversas que impiden la práctica del Dharma tales como reencarnar con percepciones erróneas; reencarnar como un animal, como un fantasma, como un ser infernal... o como un dios dedicado al placer o como un humano con dificultad de escuchar las enseñanzas; o nacer en un lugar en donde no haya enseñanzas budistas disponibles. Otras circunstancias adversas serían nacer en una tierra de bárbaros en donde lo único que se pudiese hacer fuera pensar en sobrevivir, o nacer en una época en la que todavía no hubiese aparecido el Buda.

En el lado positivo, estamos dotados de muchas cosas que hacen posible nuestra práctica. Por ejemplo, hemos nacido como seres humanos capaces de responder a las enseñanzas en lugares en donde están disponibles. No hemos cometido algún crimen monstruoso y tenemos un cierto grado de fe en las enseñanzas budistas. Aunque no hayamos reencarnado en el mundo cuando el Buda estaba vivo, hemos encontrado maestros espirituales que pueden seguir el rastro del linaje de las enseñanzas recibidas hasta el mismísimo Buda. El Dharma permanece estable y ha prosperado porque hay practicantes que siguen sus enseñanzas. También vivimos en una época en donde hay benefactores bondadosos que le ofrecen a los monjes y las monjas las necesidades básicas para la práctica, como alimentación, vestimenta y refugio.

Se dice que la doctrina del Buda Shakyamuni permanecerá por 5,000 años. Si reencarnamos como humanos después de eso, no nos beneficiaremos de ella. Pero hemos reencarnado en este mundo durante una era de iluminación, en donde la doctrina del Buda todavía permanece. Con el fin de transformar la mente, deben persuadirse de aprovechar al máximo sus vidas como seres humanos.

Hasta este punto hemos vivido nuestras vidas, nos hemos alimentado, hemos encontrado refugio y hemos usado nuestras vestimentas. Si siguiéramos así, simplemente comiendo para vivir, ¿qué significado le daría eso a nuestras vidas? Todos hemos obtenido una preciosa forma humana, aunque en sí, esa no es razón para estar orgullosos. Existe un número infinito de otras formas de vida en el planeta, pero ninguna se ha dedicado al tipo de destrucción que han permitido los humanos. Los seres humanos han puesto en peligro a todas las cosas vivas del planeta.

Si dejamos que la compasión y el altruismo guíen nuestras vidas, seremos capaces de lograr grandes cosas, cosas que las otras formas de vida no pueden realizar. Si somos capaces de usar esta preciosa forma humana de manera positiva, a la larga, será de gran valor. Nuestra existencia humana será verdaderamente preciosa. Sin embargo, si usamos nuestro potencial humano —la habilidad del cerebro— de forma negativa, para torturar personas, explotar a los demás y causar destrucción, entonces ahora mismo, nuestra existencia humana será un peligro para nosotros en el futuro, así como para los demás. La existencia humana, si se usa con fines destructivos, tiene el potencial de aniquilar todo lo que conocemos. O puede ser la fuente para convertirse en un Buda.

Causa y efecto

Hemos sido impelidos hacia el ciclo del sufrimiento debido a nuestras falsas ilusiones, y a las acciones que estas provocan, lo cual es conocido como *karma*. Debido a la relación de causa y efecto entre nuestras acciones y nuestra experiencia, pasamos nuestras vidas soportando todo tipo de altibajos, problemas y confusiones. Liberarnos por completo del peso de las acciones pasadas y de la esclavitud del deseo, del odio y de la ignorancia se denomina liberación o *nirvana*. Cuando logramos eliminar las falsas ilusiones y el karma comprendiendo la pureza natural de la mente, llega la paz total, y obtenemos la liberación total del ciclo del sufrimiento.

Si podemos realizar buenas obras, como salvar las vidas de los animales amenazados de muerte, podemos acumular las condiciones necesarias para reencarnar como un ser humano. Si practicamos con seriedad el Dharma, seremos capaces de seguir con nuestro progreso espiritual en las vidas siguientes. Pero esta vida es preciosa e imprevisible, y es importante realizar la práctica mientras tenemos la oportunidad de hacerlo. Nunca sabemos cuánto durará esa oportunidad.

Lo que hacemos ahora, de acuerdo con la ley del karma —el principio de causa y efecto— tiene consecuencias para el futuro. Nuestro futuro está determinado por el estado presente de nuestra mente, pero este estado está infestado de falsas ilusiones. Debemos aspirar a la iluminación. Si eso no es posible, debemos tratar de liberarnos de las reencarnaciones. Si eso no es posible, debemos por lo menos plantar las semillas para que la siguiente vida sea favorable, sin caer en los dominios más bajos de la existencia. En esta encrucijada tan auspiciosa, en donde estamos libres de obstáculos para escuchar y practicar el Dharma, no debemos dejar pasar esta rara oportunidad.

El karma debe ser entendido como causa y efecto, de la misma forma que un físico comprende que por cada acción hay una reacción igual y una opuesta. Al igual que en la física, la forma que tomará esa reacción no es siempre predecible, pero algunas veces podemos predecir la reacción y podemos hacer algo para mitigar el resultado.

La ciencia está trabajando en maneras de purificar el ambiente que está ahora contaminado, y muchos otros científicos están tratando incluso de evitar más contaminación. De la misma manera, nuestras vidas futuras están determinadas por nuestras acciones presentes, así como las de nuestra última vida y todas las vidas pasadas. La práctica del Dharma ha sido concebida para mitigar el resultado de nuestras acciones kármicas, y prevenir la contaminación futura de las acciones y los pensamientos negativos. Esos mismos pensamientos y acciones negativas nos llevarían, si no fuera por el Dharma, a reencarnar en tremendo dolor. Moriremos tarde o temprano; entonces tarde o temprano tendremos que volver a reencarnar. Los dominios de la existencia en donde podemos reencarnar están confinados a dos: los favorables y los desfavorables. En donde reencarnemos, depende del karma.

Conciencia y reencarnación

El karma es creado por un agente, una persona, un ser vivo. Los seres vivos no son más que el ser, atribuido en la base de la continuidad de la existencia. La naturaleza de la conciencia es luminosidad y claridad. Es un agente del conocimiento precedido por un momento anterior de conciencia que es su causa. Si llegamos a comprender que la continuidad de la conciencia no puede ser agotada en una sola vida, encontraremos que la posibilidad de la vida después de la muerte es una sustentación lógica. Si no estamos convencidos de la continuidad de la conciencia, al menos sabemos que no hay ninguna evidencia que desaprueba la teoría de la vida después de la muerte. No podemos probarla, pero tampoco podemos contradecirla.

Hay muchos casos de personas que recuerdan vívidamente sus vidas pasadas. No es un fenómeno exclusivo de los budistas. Hay personas que tienen este tipo de recuerdos y sus padres ni siquiera creen en la vida después de la muerte ni en vidas pasadas. Conozco el caso de tres niños que fueron capaces de recordar sus vidas pasadas con lujo de detalles. En uno de los casos el recuerdo de la vida pasada era tan vívido que aunque los padres no creían en la vida después de la muerte, sin embargo, como resultado de la claridad de los recuerdos de su hijo, se convencieron de su realidad. El hijo no solamente recordaba haber vivido en un poblado cercano que pudo reconocer, sino que además pudo identificar a sus padres anteriores, a quienes no había tenido ocasión de conocer.

Si no hubiera vida después de la muerte —no hubiera vidas pasadas— tendríamos que encontrar otra explicación para estos recuerdos. También hay muchos casos de padres que educan a dos hijos de la misma manera, en la misma sociedad, con los mismos antecedentes, sin embargo, uno de ellos tiene más éxito que el otro. Descubrimos que dichas diferencias son el resultado de las diferencias de nuestras acciones kármicas pasadas.

La muerte no es otra cosa que la separación de la conciencia del cuerpo físico. Si no aceptas este fenómeno llamado conciencia, entonces creo que también sería muy difícil explicar exactamente lo que es la vida. Cuando la conciencia está conectada al cuerpo y sigue su relación, la llamamos vida; y cuando la conciencia termina su relación con un cuerpo en particular, la llamamos muerte. Aunque nuestros cuerpos son una conglomeración de componentes químicos o físicos, la vida de los seres vivos está constituida por un tipo de agente sutil de pura luminosidad. Puesto que no es físico, no puede ser medido, pero eso no quiere decir que no exista. Hemos gastado mucho tiempo, energía e investigaciones en la explicación del mundo externo, pero si cambiamos ahora ese enfoque y dirigimos toda esta exploración, investigaciones y energías hacia dentro, y comenzamos a analizar, realmente creo que tendremos la habilidad de comprender la naturaleza de la conciencia —esta claridad, esta luminosidad— en nuestro interior.

Según la explicación budista, la conciencia no es obstructiva ni física, y es debido a las acciones de esta conciencia que surgen todas las emociones, falsas ilusiones y fallas humanas. Sin embargo, también es debido a la naturaleza inherente de esta conciencia, que uno puede eliminar todas estas fallas y falsas ilusiones, y atraer paz y felicidad duraderas. Puesto que la conciencia es la base de la existencia y de la iluminación, se han escrito muchos textos sobre el tema.

Sabemos por experiencia que la conciencia o la mente está sujeta a cambios, lo cual implica que es dependiente de las causas y las condiciones que la cambian, la transforman y la influyen: las condiciones y las circunstancias de nuestras vidas. La conciencia debe tener una causa sustancial similar a la naturaleza de la conciencia misma para que pueda surgir. Sin un momento previo de conciencia no puede haber conciencia. No surge de la nada, no puede convertirse en nada. La materia no puede convertirse en conciencia. Por lo tanto, debemos ser capaces de rastrear en el tiempo pasado la secuencia causal de los momentos de la conciencia.

Las escrituras budistas hablan de cientos de miles de millones de sistemas universales —un número infinito de sistemas universales— y dicen que la conciencia existe desde antes del comienzo de los tiempos. Creo que existen otros mundos. La cosmología moderna también dice que hay muchos tipos distintos de sistemas universales. Aunque científicamente no se ha podido observar vida en otros planetas, sería ilógico concluir que la vida es posible solamente en este planeta, que depende de este sistema solar y no en otra clase de planetas. Las escrituras budistas mencionan la presencia de vida en otros sistemas universales, así como diferentes tipos de sistemas solares y un número infinito de universos.

Ahora bien, si les preguntan a los científicos cómo se creó el universo, ellos tienen muchas respuestas distintas. Pero si les preguntan por qué se llevó a cabo esta evolución, no tienen respuestas. Por lo general, no lo explican como la creación de Dios, porque son observadores objetivos que solamente tienden a creer en el universo material. Algunos dicen que ocurrió por azar. Ahora bien, esa posición por sí misma es ilógica porque si algo existiera por azar, sería equivalente a decir que las cosas no tienen causa. Pero vemos en nuestras vidas diarias que las cosas tienen causa: las nubes producen la lluvia; el viento lleva las semillas para que crezcan nuevas plantas. Nada existe sin una razón.

Si la evolución tiene una causa, entonces hay dos explicaciones posibles: pueden aceptar que el universo fue creado por Dios, en cuyo caso habría muchas contradicciones, tales como el hecho de que el sufrimiento y la maldad también tendrían que haber sido creados por Dios. La otra opción es explicar que hay un número infinito de seres sensibles cuyo potencial kármico creó colectivamente este universo entero como un ambiente para ellos. El universo que habitamos ha sido creado por nuestros propios deseos y acciones. Esa es la razón por la cual estamos aquí. Por lo menos, esto tiene lógica.

En el momento de la muerte, somos llevados de aquí hasta allá por la fuerza de nuestras acciones kármicas. El resultado de las acciones kármicas negativas es la reencarnación en los reinos inferiores. Con el fin de alejarnos de las acciones negativas, debemos tratar de imaginar si seríamos capaces de soportar el sufrimiento de los reinos inferiores. Sabiendo que la felicidad es consecuencia de acciones positivas, sería un gran placer para nosotros acumular virtudes.

Al igualar tu propia experiencia con la de los demás, serás capaz de desarrollar gran compasión, porque comprenderás que sus sufrimientos no son distintos de los tuyos propios, y que ellos también desean lograr la liberación.

Es importante meditar en el sufrimiento de los animales y de los reinos infernales. Si no progresamos espiritualmente, nuestras acciones negativas nos llevarán hacia allá. Y si sentimos que no podemos soportar el sufrimiento de ser quemados o el frío o la sed insaciable, entonces nuestra motivación hacia la práctica se incrementará enormemente. Y en el momento presente, esta existencia humana nos brinda la oportunidad y las condiciones para rescatarnos a nosotros mismos.

Las consecuencias del karma

Las consecuencias del karma son definitivas: las acciones negativas siempre atraen sufrimiento, y las acciones positivas siempre atraen felicidad. Si actúas bien, será feliz; si actúas mal, sufrirás. Nuestras acciones kármicas nos siguen a través de múltiples vidas, lo cual explica por qué algunas personas que son siempre negativas tienen éxito en el nivel mundano, o por qué otros que están comprometidos con su práctica espiritual enfrentan una miríada de dificultades. Las acciones kármicas han sido acumuladas en un número infinito de vidas, por esa razón hay un potencial infinito para un número infinito de resultados.

El potencial del karma siempre se incrementa con el tiempo. Pequeñas semillas tienen el potencial de producir enormes frutos. Esto también es cierto en el caso de la causa y efecto internos: incluso una pequeña acción puede producir una enorme consecuencia, ya sea positiva o negativa. Por ejemplo, un niño pequeño le ofreció en una ocasión un puñado de arena al Buda, imaginando vívidamente que se trataba de oro. En una vida posterior, el niño renació como el gran emperador budista Ashoka. De la menor acción positiva puede llegar la máxima consecuencia de felicidad; y de la misma manera, de la menor acción negativa puede llegar un sufrimiento muy intenso. El potencial de que el karma se incremente en nuestras mentes es mucho mayor que el potencial de las puras causas físicas, como la semilla de una manzana. Así como las gotas de agua pueden llenar un envase muy grande, de la misma manera, las pequeñas acciones, cuando se realizan constantemente, pueden llenar las mentes de los seres sensibles.

Vemos muchas diferencias entre los seres humanos. Algunas personas tienen siempre éxito en sus vidas; algunas siempre fracasan. Algunos son felices; otros tienen una buena presencia y calma en sus mentes. Otras personas parecen siempre enfrentar grandes tragedias, en contra de nuestras expectativas. Algunas personas, que suponemos vivirán grandes sufrimientos, no lo hacen. Todo esto comprueba el hecho de que no todo está en nuestras manos. A veces cuando tratamos de comenzar una empresa, acumulamos todas las condiciones necesarias para su éxito, pero sigue faltando algo. Decimos que algunos tienen suerte y otros no, pero la suerte no es suficiente; la suerte debe tener una razón, una causa.

Según la explicación budista, esto es la consecuencia de las acciones realizadas ya sea en una vida pasada o anteriormente en esta vida. Cuando el potencial ha madurado, incluso si enfrentan circunstancias adversas, la empresa resulta exitosa. Pero en algunos casos, aunque hayan reunido todas las condiciones necesarias, fracasan.

Los tibetanos nos hemos convertido en refugiados y hemos pasado por grandes sufrimientos, pero
seguimos siendo relativamente afortunados y exi-
tosos. En el Tíbet, los chinos han tratado de hacer
que toda la población sea igual creando comunas y
limitando la propiedad privada. Pero aun así, en las
comunas, algunas huertas cosechan más vegetales
que otras, y algunas vacas dan más leche que otras.
Esto demuestra que hay una gran diferencia entre los
méritos de los individuos. Si maduran las acciones
virtuosas de alguien, aunque las autoridades con-
fisquen sus riquezas, esta persona seguirá teniendo
éxito debido a la fuerza de su propio mérito, debido
a la fuerza de ese karma.

Si acumulas apropiadamente acciones virtuosas
—como no matar, liberar a los animales, cultivar la
paciencia hacia los demás— será beneficioso para ti
en el futuro y en las vidas venideras; mientras que
si te dedicas continuamente a acciones negativas,
definitivamente enfrentarás las consecuencias en el
futuro. Si no crees en el principio del karma, puedes
hacer como gustes.

Las acciones positivas y negativas están determinadas por la motivación propia. Si la motivación es
buena, todas las acciones son positivas; si la motivación es mala, todas las acciones serán negativas.

Las acciones kármicas son de muchos tipos distintos: algunas son totalmente virtuosas, algunas son totalmente erróneas, algunos son una mezcla de las dos. Si la motivación es buena, aunque la acción en sí misma parezca algo violenta, traerá felicidad. Sin embargo, si la motivación es mala y engañosa, aunque la acción pueda parecer beneficiosa y positiva, en realidad será una acción negativa. Todo depende de la mente: si tu mente ha sido domada y entrenada, todas las acciones serán positivas; mientras que si tu mente no ha sido domada y está influida constantemente por el deseo y el odio, aunque las acciones puedan parecer positivas, en realidad estarás acumulando karma negativo.

Si más personas creyeran en la ley del karma, probablemente no tendríamos que tener fuerzas policíacas ni un sistema carcelario. Pero si los individuos carecen de esta fe interna en las acciones kármicas, aunque externamente puedan estar aplicando toda suerte de técnicas para ejecutar la ley, no serán capaces de lograr que la sociedad llegue a ser pacífica. En este mundo moderno, se usan equipos sofisticados para vigilar y detectar a los delincuentes. Pero cuanto más fascinantes y sofisticadas sean estas máquinas, más sofisticados y decididos serán los criminales. Para que esta sociedad humana cambie y mejore, no es suficiente implementar las leyes de forma externa. Necesitamos un tipo de fuerza disuasiva interna.

El enemigo interior

La falsa ilusión es la causa principal de reencarnación en *samsara* o existencia cíclica. Sin las falsas ilusiones, las acciones kármicas no tendrían el poder de producir reencarnaciones; serían como semillas quemadas. Es muy importante buscar los antídotos contra las falsas ilusiones, y eso depende a la vez, de si han logrado o no identificar apropiadamente las falsas ilusiones. Por lo tanto, debemos ser muy claros respecto a las características generales e individuales de las falsas ilusiones. Como dijo el primer Dalai Lama, debes domar al único enemigo interior: las falsas ilusiones. Los enemigos externos pueden parecer muy perjudiciales, pero en vidas futuras podrían convertirse en nuestros amigos. Incluso ahora nos ofrecen la oportunidad de practicar paciencia y compasión, porque todos somos básicamente iguales: todos deseamos ser felices y evitar el sufrimiento. Pero el enemigo interior, el enemigo de las falsas ilusiones no tiene cualidades positivas: debe solamente ser vencido y destruido. Debemos entonces identificarlo apropiadamente y ver cómo opera. Cualquier estado mental que destruya la calma de la mente y atraiga la miseria mental —que atormente, aflija o perturbe la mente— es una falsa ilusión.

Identifiquemos algunas de las falsas ilusiones más importantes:

— Primero, el **apego**, que es el deseo intenso de atraer personas hermosas, cosas hermosas o experiencias placenteras. Es muy difícil deshacerse del apego; es como si tu mente se arraigara al objeto.

— Otra falsa ilusión es la **ira**. Cuando las personas se enojan, podemos ver de inmediato que pierden su compostura; sus rostros se enrojecen y se fruncen, y hasta sus ojos se ponen rojos. El objeto de la ira, ya sea animado o inanimado, se ve indeseable y repulsivo. La ira es un estado indómito de la mente, un estado agreste y desequilibrado.

— Otra falsa ilusión, el **orgullo**, es un estado de la mente en el que uno presume de su propio estado, posición y conocimiento, basado en una actitud egocéntrica. Sin importar si ha logrado en realidad algo o no, uno se siente envanecido. Alguien con mucho orgullo es muy pomposo y engreído.

— Enseguida está la **ignorancia**, que es la mala interpretación de la identidad de las Cuatro Nobles Verdades, la ley del karma y consiguientes. En este contexto en particular, la ignorancia se refiere a un factor mental que es totalmente ignorante de la naturaleza de las Tres Joyas (Buda, su Doctrina y la Comunidad Espiritual) y de la ley del karma.

— La falsa ilusión de la **duda** es dudar sobre la existencia de las Cuatro Nobles Verdades y sobre la ley del karma.

Como dijo Tsong-kha-pa (1357–1419), el afamado maestro del budismo tibetano, todos los reinos en que podríamos reencarnar en el ciclo de la existencia, desde la cima de la existencia hasta el infierno más bajo, poseen la naturaleza del sufrimiento. Este sufrimiento no llega sin causa, tampoco ha sido creado por algún tipo de Dios todopoderoso. Es producto de nuestras falsas ilusiones y de nuestras acciones kármicas instigadas por estados indómitos de la mente.

La causa esencial de todo el sufrimiento es la ignorancia que malinterpreta la naturaleza del fenómeno y se percibe a sí mismo autoexistente. Esta ignorancia nos lleva a exagerar el estado del fenómeno y a crear las categorías del ser y de los demás.

Esto nos conduce a experiencias de deseo y odio, lo cual en verdad da como resultado todo tipo de acciones negativas. Éstas, a la vez, atraen todos los sufrimientos indeseados. Si no deseamos estos sufrimientos, debemos determinar si es posible o no deshacernos de ellos. Si la ignorancia que malinterpreta el ser es una conciencia errónea, puede ser eliminada corrigiendo el error. Esto puede lograrse generando en nuestras mentes una sabiduría tal que realice el opuesto directo de este estado mental, una sabiduría que comprenda que no hay seres intrínsecamente existentes.

Cuando comparamos estos dos estados mentales —el que cree en un ser intrínsecamente existente y el que percibe la ausencia de dicho ser— la percepción del ser puede parecer al principio muy sólida y poderosa. Pero puesto que se trata de una conciencia errónea, carece de apoyo lógico. El otro tipo de mente, el entendimiento de la generosidad, puede que sea débil en una etapa inicial, pero tiene apoyo lógico. Tarde o temprano la sabiduría del altruismo ganará terreno. En la etapa inicial, la verdad puede no parecer muy obvia, pero cuando nos acercamos a ella, eventualmente se vuelve de por sí cada vez más evidente. Algo falso en la etapa inicial puede parecer muy sólido y firme pero, eventualmente, cuando lo comprobamos más a fondo, se vuelve frágil y se disuelve.

Habiendo visto que todas las experiencias del ciclo de la existencia poseen la naturaleza del sufrimiento, debemos desarrollar un deseo genuino de liberarnos de él. Motivados por ese deseo, debemos entrar en el sendero de los tres ejercicios: el ejercicio de la moral, la concentración y la sabiduría. Entre estos tres, el antídoto que elimina las falsas ilusiones es la sabiduría del altruismo. Con ese propósito, primero requerimos de la estabilidad mental de la concentración como base, y eso a su vez depende de la observación de la moralidad pura. Por lo tanto, debemos entrenarnos también en lo moral. En la etapa inicial, nuestra prioridad debería ser dedicarnos a la práctica de lo moral; esta es la necesidad inmediata.

Tsong-kha-pa dice que la atención plena y la introspección son la base de todo el Dharma. Con el fin de acatar con pureza la moralidad, se requieren las facultades de introspección y atención plena adecuadas. Para los laicos, la observación de la moralidad pura restringiéndose de acciones negativas es la base de la práctica del sendero que conduce a la iluminación. Si no consideramos las necesidades prácticas, como la observación de la moralidad, sino que buscamos prácticas más sofisticadas, nuestra práctica será artificial y no muy seria. Con la práctica de estos tres ejercicios —moralidad, concentración y sabiduría— debemos trabajar para conseguir la liberación no solamente para nosotros mismos, sino también para otros seres sensibles.

Existencia cíclica

Uno podría preguntarse: *si la existencia cíclica, en conjunto con sus miserias, es el verdadero sufrimiento, ¿qué es la existencia cíclica?*

La existencia cíclica está dividida en tres etapas según el tipo de morada. A saber: *reino del deseo, reino de la forma* y *reino amorfo*. En el reino del deseo, los seres participan de los placeres de los "cinco atributos deseados": formas, sonidos, olores, sabores y objetos tangibles. El reino de la forma tiene dos partes: en la parte inferior, los seres no se sienten atraídos hacia los placeres externos sino que toman parte en los placeres de la contemplación interior; en la parte superior, los seres han alejado su atención por completo de los sentimientos de placer y participan de sentimientos neutrales. En el reino amorfo, están ausentes todas las formas, sonidos, olores, sabores y objetos tangibles, y los cinco sentidos para disfrutarlos;

solamente existe la mente; y los seres residen solamente en un sentimiento neutro, de forma deliberada y sin distracciones.

Hay seis tipos de seres sensibles que migran en existencia cíclica: *dioses, semidioses, humanos, espíritus hambrientos, animales* y *habitantes de los infiernos.* Los dioses incluyen los seres de los reinos de la forma y amorfo, así como los seis tipos de dioses de los reinos del deseo. Los semidioses son similares a los dioses pero son traviesos y rudos. Los humanos son aquellos de los cuatro "continentes" y demás. Los espíritus hambrientos son muchos tipos de seres muy necesitados de alimentos y bebidas. Los animales son los que se encuentran en el océano y sobre la faz de la tierra. Los habitantes de los infiernos son personas nacidas en varios colores y formas a través de la fuerza, y de acuerdo con sus propias acciones previas.

El significado esencial de la existencia cíclica es un proceso externo al propio control que procede de acuerdo con acciones contaminadas y con aflicciones. Su naturaleza esencial es la miseria; su función es ofrecer una base para el sufrimiento e inducir el sufrimiento en el futuro. Técnicamente, la existencia cíclica es el conjunto mental y físico apropiadamente contaminado a través de acciones y aflicciones contaminadas. Puesto que no hay nada en los tres reinos en donde no aplique la existencia cíclica, el conjunto mental y físico de todos estos seres es la existencia cíclica.

¿Cuáles son las raíces de la existencia cíclica? Las fuentes del sufrimiento son dos: acciones y aflicciones contaminadas. Las aflicciones se clasifican como factores mentales periféricos y no son por sí mismas ninguna de las seis mentes principales (ojos, oídos, nariz, lengua, cuerpo y conciencia mental). Sin embargo, cuando se manifiesta cualquiera de estos factores mentales, proviene bajo su influencia una mente principal (una conciencia mental), se dirige dondequiera que la aflicción la conduce, y "acumula" una mala acción.

Hay muchas clases diferentes de aflicciones, pero las claves son el deseo y el odio. Porque de un apego inicial a uno mismo, surge el odio cuando ocurre algo indeseado. Además, a través del ser apegado a uno mismo, surge el orgullo que hace que uno se sienta superior, y de forma similar cuando uno no posee conocimiento de algo, surge una visión errónea que lo hace a uno ver como inexistente el objeto de este conocimiento.

¿Cómo surgen con tanta intensidad el egocentrismo, etcétera? Debido a su condición carente de origen, la mente se aferra al "yo" incluso en sueños, y a través del poder de este concepto, ocurre el egocentrismo y demás. Este falso concepto del "yo" surge debido a la falta de conocimiento propio respecto al modo de existencia de las cosas. El hecho de que todos los objetos carecen de existencia inherente es incomprendido, y uno concibe las cosas como existentes inherentemente; la intensa concepción del "yo" se deriva de esto. Por lo tanto, la concepción del fenómeno existente inherentemente es la ignorancia afligida, que es la causa principal de todas las aflicciones.

Tipos de acciones

Desde el punto de vista de su naturaleza, las acciones son de dos tipos: *intencionales* y *operativas*. Una acción intencional ocurre antes de una obra física o verbal, y es un factor mental que ofrece el impulso de actuar. Una acción operativa es una acción física o verbal que ocurre en el momento de involucranos en una actividad.

Desde el punto de vista de los efectos que incitan, las acciones son de tres tipos: *meritorias, no meritorias* e *invariables*. Las acciones meritorias incitan a migraciones felices, como son las vidas de los humanos, los semidioses y los dioses. Las acciones no meritorias lo incita a uno a una mala migración, como son las vidas de los animales, los espíritus hambrientos y los residentes de los infiernos. Las acciones invariables lo incitan a uno hacia los reinos superiores, los cuales son los de la forma y amorfos.

Todo esto puede dividirse en acciones físicas, verbales y mentales. Además, desde el punto de vista de los efectos experimentados, las acciones pueden dividirse en tres tipos: los efectos de una acción "acumulada" en esta vida pueden ser experimentados en esta misma vida, en la siguiente vida, o en cualquier vida posterior a la siguiente.

Como expliqué antes, las causas de la existencia cíclica son las acciones y las aflicciones contaminadas. Si se eliminan las raíces de las aflicciones, y si no se "acumulan" nuevas acciones, no habrá aflicciones que activen las predisposiciones de acciones contaminadas persistentes del pasado, y así se eliminan las causas de la existencia cíclica.

Luego llega la liberación de la esclavitud. Algunos dicen que siempre y cuando tengamos un conjunto mental y físico forjado por acciones y aflicciones contaminadas previas, tendremos un nirvana con un remanente. Cuando éstas ya no existan, habrá un nirvana sin remanente. "Sin remanente" significa que no hay restos del conjunto mental y físico forjado por acciones y aflicciones contaminadas, sino solamente conciencia continua, y sigue existiendo el continuo del conjunto mental y físico incontaminado.

Al retirar la causa, cesa el conjunto contaminado, y al liberarnos de todos ellos, se extingue el sufrimiento que depende de eso. Esto es la liberación, de la cual hay dos tipos: una liberación que es la pura extinción del sufrimiento y de sus fuentes; y la gran e incomparable liberación, la del rango de la budeidad. La primera es la extinción de todas las obstrucciones que producen aflicciones (las cuales impiden la liberación de la existencia cíclica), pero no de las obstrucciones para demostrar percepción consciente hacia todos los objetos del conocimiento. La segunda liberación es el máximo rango, la completa extinción de las aflicciones y de la obstrucción de la omnisciencia.

Los tres refugios

¿Cuáles son los métodos para causar que nuestra propia mente se convierta en la práctica? Inicialmente, uno debe buscar refugio y pensar en las acciones y en sus efectos. El refugio está en las *Tres Joyas:* el *Buda,* su *Doctrina* y la *Comunidad Espiritual.* Cuando un ser sensible purifica los defectos de su propia mente, así como sus predisposiciones latentes, se libera de todos los defectos que actúan como obstrucciones. Por consiguiente, conoce simultánea y directamente todos los fenómenos. Dicho ser es llamado un Buda, y es un maestro del refugio, como un médico. La joya de la Doctrina es el sendero superior (arya), el sendero supremo correcto que retira los defectos, así como sus predisposiciones latentes, y las ausencias que son las condiciones resultantes de haber retirado le que debía ser retirado. La Doctrina es el refugio real, como la medicina. La joya de la Comunidad es el conjunto de personas, laicas o del clero, que ha generado un sendero superior en su continuidad. Son amigos que nos ayudan a encontrar el refugio, como enfermeros.

❦❦❦

Capítulo cinco

Transformar la mente

Todas las religiones son, en principio, medios para ayudar a los seres humanos a ser mejores, más refinados y más creativos. Aunque para ciertas religiones la práctica más importante es recitar oraciones, y para otras es la penitencia física, en el budismo, la práctica crucial es comprender cómo transformar y mejorar la mente. Esto puede ser visto desde otra perspectiva. Comparado con las actividades físicas y verbales, la actividad mental es más sutil y más difícil de controlar. Las actividades del cuerpo y del habla son más obvias y más fáciles de aprender y practicar. En este contexto, las metas espirituales que involucran la mente son más delicadas y difíciles de lograr.

Es esencial para nosotros comprender el significado real del budismo. Es muy bueno que el interés por el budismo esté creciendo, pero lo más importante es saber qué es el budismo en realidad. A menos que comprendamos su valor esencial y el significado de las enseñanzas budistas, cualquier intento de preservar, restaurar o propagarlas es probable que tome la senda equivocada. La doctrina y la comprensión del Dharma no son algo físico. Por lo tanto, a menos que se realice con una comprensión adecuada, la sola construcción de monasterios o recitar las escrituras puede inclusive no ser una práctica del Dharma. El punto es que la práctica del Dharma se lleva a cabo en la mente.

Sería un error pensar que simplemente por cambiar nuestra vestimenta, recitar oraciones o hacer postraciones, estaríamos abarcando toda la práctica del Dharma. Permítanme explicarles. Cuando hacemos postraciones o circundamos el templo, surge todo tipo de pensamientos en nuestra mente.

Cuando estás aburrido y el día es largo, puede ser muy placentero pasear alrededor del templo. Si te encuentras con un amigo conversador que te acompaña, el tiempo vuela. Puede ser un paseo agradable, pero en el verdadero sentido de la palabra, no estás practicando el Dharma. Incluso hay ocasiones en que aparentemente estás practicando el Dharma, pero en realidad estás creando karma negativo. Por ejemplo, cuando una persona está circunvalando el templo y está divisando un plan para engañar a alguien o haciendo un complot para vengarse de un rival. En su mente puede estar diciendo: *Así es que voy a atraparlo, esto es lo que le diré y esto es lo que haré.* De igual manera, puedes estar recitando mantras sagrados mientras que tu mente se complace en pensamientos maliciosos. Por consiguiente, lo que parece la práctica física y verbal del Dharma puede resultar engañoso.

El objetivo del Dharma

Decimos que el objetivo principal de la práctica del Dharma es entrenar la mente. ¿Cómo lo hacemos?

Piensa en esas ocasiones en que has estado tan enojado con alguien que hubieras hecho algo para perjudicarlo. Ahora bien, para ser un practicante apropiado del Dharma, debes pensar racionalmente al respecto. Debes pensar en los numerosos defectos de la ira y los resultados positivos de generar compasión. También puedes reflexionar en la idea de que la persona objeto de tu ira es igual que tú en cuanto a que también desea conseguir la felicidad y deshacerse de la miseria. En dichas circunstancias, ¿cómo puedes justificar hacerle daño a esa persona?

Puedes hablar contigo y decir: "Me considero budista. En el momento en que abro mis ojos en la mañana, recito mis oraciones para buscar el refugio y desarrollar una mente despierta. Prometo trabajar para todos los seres sensibles, y sin embargo, heme aquí determinado a ser cruel e irrazonable, ¿Cómo me puedo considerar budista? ¿Cómo me atrevo a enfrentar a los Budas cuando me estoy burlando de ellos?"

Puedes disolver por completo tu dura actitud y tus sentimientos de ira pensando de esta manera. En su lugar, puedes evocar pensamientos bondadosos y amables, reflexionando en lo equivocado que es estar tan enojado con esa persona y cómo esa persona merece tu bondad y tu buena voluntad. De esta manera, puedes ocasionar una verdadera transformación en tu corazón. Este es el Dharma en el verdadero sentido de la palabra. Tus pensamientos, previamente negativos, pueden ser disipados y reemplazados por sentimientos positivos y compasivos hacia esa persona.

Debemos notar un cambio tan dramático. Es un salto de gran significado. Es lo que de verdad significa la práctica del Dharma, pero no es una cuestión sencilla.

Cuando la mente está influida por pensamientos poderosos y virtuosos, la negatividad no puede funcionar al mismo tiempo. Si estás motivado por pensamientos amables y felices, incluso las acciones en apariencia negativas, pueden ocasionar resultados positivos. Por ejemplo, decir mentiras es normalmente algo negativo, pero cuando lo haces en aras de la compasión y de un pensamiento racional para ayudar a alguien, mentir puede transformarse en algo íntegro.

En la tradición Mahayana, el bodhisattva es quien aspira a la budeidad o a la iluminación para el beneficio de los demás. El pensamiento altruista del despertar de la mente se deriva de la práctica del bodhisattva del amor, la bondad y la compasión. Por lo tanto, en algunas ocasiones, se le permite a un bodhisattva cometer acciones físicas y verbales negativas. Dichas faltas darían normalmente lugar a resultados desfavorables. Pero dependiendo de la motivación, algunas veces estas acciones pueden ser neutras, y otras veces, pueden convertirse en acciones maravillosamente meritorias.

Estas son algunas de las razones por las que insistimos que el budismo está fundamentalmente en la mente. Nuestras acciones físicas y verbales asumen solamente un papel secundario. Por lo tanto, la calidad o la pureza de la práctica espiritual está determinada por la intención y la motivación del individuo.

Emociones perturbadoras

Las emociones perturbadoras son extremadamente astutas e intensas. Cuando una persona bajo su dominio está sentada en el trono, está gobernada por la falsa ilusión. Cuando escuchamos a esta persona, su orgullo se inflama en cuanto más se deja llevar por ellas. Así funcionan las emociones perturbadoras. El efecto de las emociones perturbadoras es impresionante. Pueden ocasionar grandes disputas con los demás por su deseo de ganar más adeptos. En dichos casos, está en funcionamiento tanto el apego como la animosidad.

Afortunadamente, existe un poder que puede vencer las emociones perturbadoras. Se trata de la *sabiduría*. Esta sabiduría se vuelve más clara y más aguda cuando la analizamos y la escudriñamos. Es contundente y persistente. Por otro lado, la mente ignorante, aunque puede ser muy astuta, no resiste el análisis. Colapsa cuando está sujeta al examen inteligente. Comprenderlo nos brinda la confianza para afrontar los problemas creados por las emociones perturbadoras. Si estudiamos y reflexionamos, obtenemos una buena comprensión de sabiduría y de emociones perturbadoras como la hostilidad y el apego, las cuales hacen que la mente crea que las cosas son reales, que existen tal como aparecen.

La mente que concibe la existencia real es tremendamente activa, contundente y astuta. Su compañera cercana, la actitud egocéntrica, es igualmente audaz y testaruda. Hemos estado bajo su poder por mucho tiempo. Se ha mostrado como nuestra amiga, consoladora y protectora. Ahora, si estamos atentos y somos juiciosos, podemos desarrollar la sabiduría que comprende que las cosas no existen tal como aparecen, que ellas carecen de este tipo de verdad; eso es denominado sabiduría de la vacuidad. Empleando esta arma con esfuerzo deliberado, tendremos la oportunidad de luchar contra las emociones perturbadoras.

Ahora bien, los defectos a los que nos referimos son las fuentes del sufrimiento: el karma y las emociones perturbadoras, así como las huellas dejadas por ellos. Estos defectos pueden ser superados solamente aplicando el antídoto apropiado. Las huellas dejadas por las emociones perturbadoras obstruyen el camino de los individuos hacia la omnisciencia. La conciencia por su propia naturaleza posee el potencial de conocerlo todo, pero estos defectos enmascaran y obstruyen la mente ante dicho conocimiento. Eliminar estas obstrucciones desarrollando los oponentes necesarios es algo que se realiza a través de la mente. Cuando la conciencia está totalmente libre de obstrucciones, automáticamente se hace plenamente consciente, y esa persona despierta a la iluminación plena.

El estado de iluminación no es un tipo de entidad física como una morada celestial. Es la cualidad intrínseca de la mente revelada en su pleno potencial positivo. Por lo tanto, con el fin de lograr este estado del despertar, el practicante tiene que comenzar por eliminar todo el negativismo de la mente y desarrollar cualidades positivas una por una. Es la mente la que aplica activamente el antídoto en el proceso de retirar los impulsos y los oscurecimientos negativos. Llega un punto en que las emociones perturbadoras y las obstrucciones mentales ya no pueden ocurrir, no importa lo que pase.

De la misma manera, es la mente la que está involucrada exclusivamente en el desarrollo de la percepción y del conocimiento espiritual. Por muy pequeña que sea la energía positiva con la que comencemos, en su curso debido, la mente se consume por completo con el conocimiento y se despierta en la budeidad.

Es importante recordar que todo lo que el Buda nos enseñó, fue con el fin de ayudar a los seres sensibles y guiarlos en el sendero espiritual. Sus enseñanzas filosóficas no fueron mera especulación abstracta, sino parte de los procesos y de las técnicas para combatir las emociones perturbadoras. Podemos apreciar lo apropiados que son los antídotos contra las diferentes emociones perturbadoras desde nuestra propia experiencia. El Buda nos enseñó que para contrarrestar la ira y el odio debemos meditar en el amor y la bondad. Prestar atención al lado repulsivo del objeto sirve para vencer el apego al objeto. Hay mucho razonamiento lógico que demuestra que la apariencia de la verdadera existencia es un error. La concepción de la verdadera existencia es ignorante, y la sabiduría que comprende la vacuidad es su oponente directo.

De dichas enseñanzas, podemos inferir que las emociones perturbadoras son solamente aflicciones temporales de la mente y pueden ser totalmente erradicadas. Cuando la mente está libre de adulteración, se revela plenamente el potencial de su verdadera naturaleza: claridad y percepción. Cuando se enriquece la comprensión, el practicante llega a apreciar la posibilidad de alcanzar nirvana y budeidad. Esto llega como una revelación maravillosa.

Incluso si todos los dioses del universo unieran sus fuerzas contra ti, si todo ser humano se volviere hostil hacia ti, no tendrían el poder de enviarte al infierno. Las emociones perturbadoras, por otro lado, pueden enviarte al infierno en un solo instante. Esta es la razón por la que las emociones perturbadoras han sido nuestras enemigas desde el comienzo de los tiempos, perjudicándonos y destruyéndonos. Jamás ha habido un enemigo tan resistente como estas emociones perturbadoras. Los enemigos ordinarios mueren y desaparecen. Si cumples con los deseos de un enemigo ordinario, se convertirá gradualmente en tu amigo. Tu enemigo se convertirá en alguien que te brinda beneficio. En el caso de las emociones perturbadoras, mientras más confías en ellas, más te perjudican y te hacen sufrir. Ellas han sido nuestro enemigo constante, la única causa de todos nuestros sufrimientos. Siempre y cuando dejemos que este enemigo resida pacíficamente en nosotros, no tendremos felicidad.

Cuando conduces una guerra contra un enemigo ordinario, podrías obtener la victoria y desterrar al enemigo de tu país. Los enemigos pueden reagruparse, reforzarse, equiparse de nuevo y regresar a la batalla. Pero cuando luchas contra las emociones perturbadoras, una vez que las has vencido y eliminado, no pueden regresar. Desde esta perspectiva, las emociones perturbadoras son débiles; no necesitamos misiles o bombas nucleares para destruirlas. Son débiles porque una vez que somos capaces de ver la realidad y cultivar la sabiduría, podemos remover las emociones perturbadoras. Y una vez que las destruimos en nuestras mentes, ¿adónde van? Desaparecen en la vacuidad. No pueden reaparecer en otro lugar y reforzarse, así que no pueden volver a perjudicarnos.

No existe una emoción perturbadora con existencia independiente. Cuando el apego y la ira surgen en nuestras mentes, son muy poderosas y dejan nuestra mente perturbada. Incluso en ese caso, bajo un escrutinio más profundo, no tienen un lugar especial para esconderse. No residen en el cuerpo, ni residen en nuestras facultades de los sentidos.

Si intentas encontrar las emociones perturbadoras entre una colección de componentes mentales y físicos, o fuera de ellas, no las encontrarás. Las emociones perturbadoras son como una ilusión. ¿Por qué debemos permitir que nos hundan en el infierno?

Mantener la atención plena

Tanto las experiencias positivas como las negativas surgen de la mente, dependiendo de si tu mente está o no transformada. Por consiguiente, es de suprema importancia controlar y disciplinar la mente.

Todos los miedos y los inconmensurables sufrimientos que encontramos surgen de la mente. Buda enseña que no hay enemigo más poderoso que la mente. En todos los dominios de la existencia, no hay nada más aterrador —nada que deba ser más temido— que la mente. De igual modo, dice que la mente disciplinada da origen a todas las cualidades de excelencia. La fuente y el origen de la paz y de la felicidad es la mente. La felicidad surge de la práctica virtuosa; los sufrimientos surgen de la práctica negativa.

La felicidad y el sufrimiento dependen entonces de si tu mente está o no transformada. Incluso a corto plazo, en cuanto más controlas y disciplinas tu mente, más feliz y calmado estarás.

Una vez que la mente interior está controlada y calmada, aunque todo el universo parezca estar en tu contra como un enemigo, no te sentirás amenazado ni infeliz. Por otro lado, si estás perturbado o agitado internamente, aunque tengas en tu mesa los alimentos más deliciosos, no los disfrutarás. Puedes escuchar cosas agradables, pero no te brindarán alegría. Dependiendo entonces de si tu mente está o no disciplinada, experimentarás felicidad o sufrimiento.

Una vez que transformas tu mente para no ser materialista o sentir deseos ardientes de algo, lograrás la perfección de servir. La perfección de servir significa que ofreces todo lo que tienes, así como los resultados positivos de esa ofrenda, a todos los seres sensibles. La práctica depende enteramente de la mente. La perfección de la ética es similar. Lograr la perfección de la ética significa que llegas a un estado mental que te refrena de hacerle daño en cualquier forma a los seres sensibles. Es un estado totalmente libre de egocentrismo. La práctica de la paciencia es igual. Los seres sensibles indisciplinados son tan infinitos como la extensión del espacio. Sin embargo, una vez que controlas tu mente, es como si hubieras destruido a todos tus enemigos externos. Si tu mente está en calma, aunque el entorno sea hostil, no sentirás perturbaciones. Para proteger tus pies de las espinas, no puedes cubrir con cuero toda la superficie de la tierra.

Si deseas proteger la mente, debes hacer un esfuerzo para mantener la atención plena. Cuando no prestas atención y tu atención plena se degenera, pierdes el mérito acumulado en el pasado como si hubiera sido despojado por ladrones. En consecuencia, caerás en un estado de existencia desfavorable. Las emociones perturbadoras son como ladrones y atracadores: siempre están alerta, buscando una oportunidad. Si la encuentran, se la llevan y te privan de tu virtud. Le quitan vida a nuestra existencia feliz. Por lo tanto, no permitas jamás que se debilite tu atención plena. Si ocasionalmente pierdes tu atención plena, puedes restaurarla de inmediato recordando los infinitos sufrimientos en el ciclo de la existencia.

¿Cuáles son los métodos para mantener la atención plena y el estado de alerta? Asociarte con maestros espirituales y escuchar sus enseñanzas, saber qué debe ser practicado y de qué debes desistir. Cuanto más respeto sientas por las enseñanzas, más cuidadoso debes ser. Cuando te asocias con buenas amistades, permaneces alerta de forma natural. Puedes descubrir de lo que debes desistir y lo que debes practicar escuchando las enseñanzas y siguiendo el ejemplo de los buenos amigos. Cuando reflexionas en las explicaciones sobre la naturaleza de la impermanencia y de los sufrimientos del ciclo de la existencia, cultivas el miedo en tu mente. A causa de dicho miedo, una persona afortunada será capaz de mantener rápidamente la atención plena.

Otro método para cultivar la atención plena es recordar que los Budas y los bodhisattvas poseen una mente omnisciente. Ellos saben constantemente lo que estás haciendo; cuando recuerdas su presencia, serás más cuidadoso. Sentirás vergüenza de hacer algo negativo.

Debido a la clara conciencia de los Budas y los bodhisattvas, no podemos escondernos de ellos. Comprender esto y permanecer respetuosos es la práctica de recordar a los Budas. Normalmente, tendemos a pensar que los Budas y los bodhisattvas nos prestarán atención solamente si recitamos algunas oraciones, los invocamos o los llamamos por su nombre. Esto es un error. La mente omnisciente del Buda lo penetra todo, incluso las partículas más sutiles. En otras palabras, la mente del Buda está consciente de todos los fenómenos, sin importar el tiempo ni el lugar.

Comprender que siempre estás en presencia de los Budas omniscientes es la forma de recordar al Buda y sus cualidades. Esto es muy importante para la práctica diaria.

Si practicas la atención plena, cuando está a punto de surgir uno de estos defectos, podrás refrenarte. Por ejemplo, puede ser que mientras estés hablando con alguien, comienzas a enojarte. Tu atención plena te dará la señal para que detengas la conversación o cambies el tema. Piensa que aunque la otra persona esté siendo poco razonable y esté usando palabras provocativas, no tiene caso tomar represalias de ningún tipo. En vez de hacer hincapié en esta situación, gira tu mente hacia sus cualidades. Esto también ayuda a reducir tu ira.

La gigantesca mente está intoxicada por las emociones perturbadoras, debes entonces sujetarla al gran pilar de la práctica espiritual. Con todos tus esfuerzos, examina tu mente y no permitas que divague ni por un momento. Observa lo que está a punto de hacer y lo que está haciendo. Cuando trates de meditar, por ejemplo, al principio debes cultivar la intención de ser cuidadoso y no permitir que te distraigas. Como resultado, puedes lograr meditar por unos quince minutos sin distraerte. Una vez que te acostumbras a esto, puedes prolongar tu sesión.

Por supuesto, es difícil controlar la mente y hacerla que permanezca en el objeto de la meditación. Es difícil hacer que tu mente haga lo que tú quieres, pero cuando te acostumbres gradualmente, tendrás éxito. Puedes aplicar cualquier técnica que te ayude a controlar la mente. Por ejemplo, puede ser que estar sentado frente a una pared te ayude a controlar tus distracciones durante ciertas meditaciones. Algunas veces ayuda cerrar los ojos. Otras veces, mantenerlos abiertos puede ser de más ayuda. Depende de tu propia inclinación personal y de tus circunstancias.

Así es como puedes estar siempre alerta y protegerte contra las emociones perturbadoras e involucrate en las actividades sin sentido. Si deseas ir a algún lugar o deseas decir algo, determina primero si es o no apropiado. Cuando esté a punto de surgir el apego en ti o te sientes enojado hacia alguien, no hagas nada. No hables; no pienses: permanece como una estaca de madera.

Si te sientes inclinado a reírte disparatadamente, a presumir de algo, deseas discutir los errores de otra persona, deseas engañar a los demás, deseas decir algo inapropiado o hacer comentarios sarcásticos, o deseas alabarte y criticar o recriminar a los demás, permanece como una estaca de madera. Si te das cuenta que estás deseando posesiones, respeto, fama o renombre; o si deseas reunir un grupo de seguidores a tu alrededor, permanece como una estaca de madera. Si te descubres inclinado a descuidar los propósitos de los demás y sólo aspiras a realizar el tuyo propio —más aun, deseas hablar al respecto— permanece como una estaca de madera. Cuando te sientas inclinado hacia la impaciencia, la pereza o la desesperación; o cuando desees hacer comentarios presuntuosos; o cuando te sientas inclinado a la satisfacción propia, permanece como una estaca de madera.

Permanece alerta y agudiza tus habilidades para practicar lo útil y desistir de lo inútil. Ten la confianza para participar en actividades positivas sin depender de los demás para su apoyo. No desistas de una práctica importante en aras de una práctica más fácil. Lo más importante es que hagas lo que hagas debe beneficiar a los demás; debe tener el efecto de satisfacer los deseos de los demás.

Habiendo comprendido este punto crucial, debemos hacer esfuerzos constantes en beneficio de los demás. Esto es lo que nos ha enseñado el compasivo Buda. Él tenía una gran visión y sabía lo que sería útil a largo plazo y lo que sería útil a corto plazo. Esta es la razón por la que sus consejos son flexibles y a un bodhisattva que trabaja constantemente para el beneficio de los demás a veces se le permite hacer cosas que serían normalmente prohibidas.

Es la naturaleza de la mente que cuando más nos acostumbramos a hacer algo, más fácil se vuelve hacerlo. Si somos capaces de observar el sufrimiento desde una perspectiva transformadora, seremos capaces de tolerar niveles todavía mayores de sufrimiento. No hay nada que no se facilite con la familiaridad. Si nos acostumbramos a pequeños dolores, gradualmente desarrollamos tolerancia para un dolor mayor.

Vemos a muchas personas que soportan ataque de insectos, hambre y sed, pinchazos y heridas de espinas, y luego siguen con su vida diaria. La gente enfrenta más fácilmente dichos sufrimientos sin sentido una vez que se acostumbra a ellos. Por consiguiente, cuando nos encontramos con problemas menores debidos al calor o al frío, a la lluvia o al viento, a la enfermedad y a las heridas, irritarnos sólo empeora el problema. Algunas personas, en vez de asustarse ante la visión de su propia sangre, se vuelven más valientes. Otros, a la vista de cualquier sangre, no digamos la propia, se desmayan. La diferencia surge porque las personas tienen diferentes grados de estabilidad mental. Algunos son decididos, otros son bastante cobardes.

Si aprendes voluntariamente a lidiar con problemas menores, te vuelves gradualmente invencible a los diferentes niveles de sufrimiento. Este es el camino de los sabios, que al enfrentarse al sufrimiento, jamás permiten que sus mentes se perturben.

A través de las compuertas de los órganos de los cinco sentidos, un ser puede ver, oír, oler, degustar y entrar en contacto con una serie de formas, objetos e impresiones externos. Apaguemos la forma, el sonido, el olfato, el gusto, el tacto y los eventos mentales: las relaciones de los seis sentidos. Cuando lo hacemos, cesa el recuerdo de los eventos pasados en los que la mente tiende a estancarse y se corta el flujo de la memoria. De igual manera, no deben surgir planes para el futuro ni contemplar acciones futuras. Es necesario reemplazar dicho proceso de pensamientos por la vacuidad. Liberada de todos estos procesos, quedará la mente pura, limpia, clara e inactiva.

❧❧❧

Cómo meditar

La esencia de las enseñanzas del budismo puede resumirse como la visión de la interdependencia acoplada con la conducta de la no-violencia. Estos son los fundamentos que deseo que recuerden. No existe un fenómeno funcional que exista independientemente o por sí mismo. Todos los fenómenos dependen de otros factores. Las cosas son dependientes entre sí. Por ejemplo, la paz en una nación depende de la actitud de sus países vecinos y de la seguridad del mundo en general. La felicidad de una familia depende de sus vecinos y de toda la sociedad. Los budistas creemos en la teoría del origen dependiente, no en un creador todopoderoso ni una producción sin causa en lo absoluto.

Cuando las personas se olvidan de los principios éticos básicos y actúan con una actitud egoísta, se producen consecuencias desagradables. Cuando piensas que tus vecinos no tienen nada que ver con tu propia felicidad, los tratas mal. Amedrentas a algunos, e intimidas e insultas a otros. ¿Puedes esperar una atmósfera de paz y armonía en dicho vecindario? Es obvio que la respuesta es negativa. Cuando tienes pensamientos negativos como hostilidad y odio, no hay alegría en tu corazón y eres una molestia para los demás. Por el contrario, si desarrollas amabilidad, paciencia y comprensión, cambia toda la atmósfera. Nuestro texto, Los siete puntos del entrenamiento mental, dice: Primero entrénate en las prácticas preliminares.

Existen cuatro prácticas preliminares: pensar en la rareza y en el potencial de la vida como un ser humano libre y afortunado, reflexionar en la muerte y en la impermanencia, pensar en las acciones y en sus resultados, y reflexionar en las fallas del ciclo de la existencia. Por ejemplo, reflexionando en la rareza y en el potencial de la vida como un ser humano libre y afortunado, superas tu obsesión con los placeres temporales de esta vida. Contemplando la muerte y la impermanencia, superas tu atracción por las reencarnaciones favorables en vidas futuras.

Ahora bien, deben realizarse distintas actividades durante la sesión de meditación real y durante la sesión después de la meditación. Normalmente tratamos de concentrarnos tanto como sea posible durante la meditación. Si después de meditar dejamos la mente desprotegida o distraída, nuestro progreso se perjudica. Por consiguiente, se recomiendan las prácticas posmeditativas.

Meditar significa crear una familiaridad continua con un objeto virtuoso con el fin de transformar la mente. Comprender un punto no transforma la mente. Puedes ver intelectualmente las ventajas de una mente despierta y altruista, pero eso no afecta en realidad tu actitud egocéntrica. Tu egocentrismo puede disiparse solamente a través de la familiaridad constante con esa comprensión. Eso es lo que significa meditar.

La meditación puede ser de dos tipos: la *meditación analítica* usa el análisis y la reflexión, mientras que en la *meditación enfocada en un sólo punto* la mente permanece en lo que ha comprendido. Cuando meditas en el amor y la compasión, intentas cultivar esa actitud en tu mente pensando: *Que todos los seres sensibles estén libres de sufrimiento.* Por otro lado, cuando meditas en la vacuidad o en la impermanencia, tomas la impermanencia o la vacuidad como el objeto de tu meditación.

En la práctica del entrenamiento mental, requerimos prácticas preliminares como la meditación sobre la muerte o sobre la impermanencia para urgirnos a hacer la práctica principal. Cuando realizas estas meditaciones, primero analizas el tema. Una vez que has llegado a cierta conclusión, la retienes en tu mente y te concentras en ella durante algún tiempo. Cuando descubres que estás perdiendo tu concentración, empleas de nuevo el análisis. Puedes seguir con este mismo tipo de meditación alternada hasta que ves algún tipo de efecto en tu mente. Luego, cambias los patrones de razonamientos que empleas, según señalan los textos antiguos como La guía del camino de vida del Bodhisattva, La guirnalda preciosa y otros.

Esto es como probar con distintas medicinas. Puedes descubrir que algunas medicinas funcionan mejor que otras. Si te quedas testarudamente aferrado a una ronda de meditaciones, esto puede no ser muy útil. Tienes que esforzarte mucho. Por eso es necesario el estudio. La meditación sin estudio previo es como intentar escalar un acantilado rocoso sin manos.

Postura y respiración

Antes de explicar la postura correcta y las técnicas de respiración para la meditación, me gustaría hablar un poco sobre el ambiente correcto para tu práctica. Para el principiante, es muy importante el entorno para la meditación. Una vez que has desarrollado ciertas experiencias, los factores externos tienen muy poco efecto. Pero hablando en general, el lugar para la meditación debe estar en silencio. Cuando meditamos en puntos únicos de la mente, necesitamos un lugar tranquilo, sin ruidos.

Es igualmente importante limpiar el ambiente en donde realizamos la meditación. Lo limpiamos no solamente por razones mundanas, sino para inducir el efecto psicológico de mayor claridad mental. Según decía uno de los discípulos principales de Atisha llamado Po-to-wa: "Una vez que el meditador ha logrado un nivel avanzado, toda acción que realiza se convierte en un estímulo para su práctica." Cuando limpies tu espacio, piensa que esto es un recordatorio que lo que en verdad tienes que limpiar es tu mente.

Para mantener la postura física correcta durante la meditación, el asiento de meditación debe estar ligeramente levantado en la espalda, lo que ayuda a reducir la tensión. La posición *vajra* (sentados con las piernas cruzadas) es muy difícil, pero si no causa dolor, es la forma apropiada. O puedes sentarte en la postura de media vajra o en Arya Tara (pierna derecha extendida, pierna izquierda doblada en postura de meditación), la cual es muy cómoda.

El *mudra* o gesto correcto de las manos es con el dorso de la mano derecha reposando en la palma de la mano izquierda. Los dos pulgares se levantan y se tocan formando un triángulo. El triángulo tiene un significado tántrico, simboliza el Reino de la Verdad, la fuente de la realidad, y también calor interior en el ombligo.

Los brazos no deben tocar el cuerpo. La cabeza debe estar inclinada ligeramente hacia abajo, la punta de la lengua tocando el paladar, para evitar la sed y que el meditador deje escapar saliva cuando se encuentra en una concentración profunda en un punto fijo. Los labios y los dientes deben estar en su posición natural, los ojos deben mirar la punta de la nariz. En cuanto a la posición de los ojos, al comienzo cerrarlos puede ofrecerte una visualización más clara, pero a la larga no es bueno, no debes cerrar los ojos. La visualización se realiza en un nivel mental y no sensorial. Si te entrenas a meditar con los ojos abiertos, no perderás la imagen mental en la que estás meditando. Por el contrario, si entrenas la mente y te acostumbras a meditar con los ojos cerrados, perderás la imagen mental al momento de abrirlos.

Durante la meditación, tu respiración debe ser natural. No debes respirar violentamente ni con demasiada suavidad. Cuando estás en un estado mental fluctuante, como cuando estás enojado o has perdido la paciencia, es bueno regresar a la calma concentrándote en las respiraciones. Cuenta las respiraciones, olvidando por completo la ira. Concéntrate en la respiración y cuenta las inhalaciones y exhalaciones: "1, 2, 3", hasta 20. En el momento en que tu mente se concentra por completo en la respiración, en las inhalaciones y exhalaciones, se apaciguan las pasiones. Después es más fácil pensar con claridad.

En vista de que todas las actividades, incluyendo la meditación, dependen en gran parte de la fuerza de la intención o de la motivación, es importante que antes de comenzar a meditar, cultives una motivación correcta. Sin embargo, la motivación no debe ser influida por el interés en la perfección y en la felicidad de la sola vida en samsara. La motivación correcta es la actitud altruista.

Permanecer en calma

Para desarrollar la práctica de la meditación, uno debe progresar en el entrenamiento de la estabilidad meditativa: cuando la mente permanece enfocada en un solo objeto. Hay muchos tipos de estabilidad meditativa, pero explicamos ahora la que trata de permanecer en calma *(shamatha)*. La naturaleza de permanecer en calma es permanecer enfocado en un solo objeto, sin distracciones, de una mente que conjuga la flexibilidad bienaventurada física y mental. Si es complementada con la práctica de refugio, es una práctica budista; y si es complementada con la aspiración a la máxima iluminación para el beneficio de todos los seres sensibles, es una práctica Mahayana.

Sus méritos son que si uno logra permanecer en calma, nuestra mente y nuestro cuerpo son impregnados de dicha y bienaventuranza. Uno puede —a través del poder de su flexibilidad mental y física— colocar la mente en cualquier objeto virtuoso que desee, y se logran muchas cualidades especiales como la clarividencia y las emanaciones. El propósito principal y la ventaja de permanecer en calma son que a través de eso, uno puede lograr un entendimiento especial *(vipasyana)*, lo que conlleva a la vacuidad, y puede entonces lograr liberarse de la existencia cíclica.

Uno debe seguir el siguiente compendio causal para lograr permanecer en calma: el lugar en donde uno practica debe estar libre de ruidos, pues el ruido es un obstáculo para la concentración. El área y el agua deben congeniar. El meditador de por sí debe tener pocos menesteres, sentirse satisfecho, estar libre de la algarabía y las conmociones mundanas, y debe evitar las obras físicas y verbales alejadas de la virtud. Escuchando y pensando, debe haber eliminado los conceptos erróneos relacionados con los temas de la meditación, debe saber cómo reflexionar en las fallas del deseo, en el significado de la impermanencia y demás.

Respecto a la práctica real de permanecer en calma, Maitreya Bodhisattva, el Buda futuro, dice en su Discriminación del Camino Medio y los Extremos (Madhyantavibhanga): La causa de su surgimiento es observar la renuncia a las cinco fallas y la aplicación de los ocho antídotos.

Las cinco fallas a renunciar son:

- **Pereza:** no desear cultivar la estabilidad meditativa

- **Olvido:** no recordar el objeto de la meditación

- **Letargo y ansiedad:** interrupciones de la estabilidad meditativa

- **No aplicar los antídotos:** lo que ocurre cuando surge el letargo y la ansiedad

- **Aplicación en exceso:** seguir aplicando el antídoto aún después de haber extinguido el letargo y la ansiedad

Los ocho antídotos son los medios para renunciar a esos defectos. Los antídotos para la pereza son:

- **Fe:** ver las buenas cualidades de la estabilidad meditativa

- **Aspiración:** buscar lograr estas buenas cualidades

- **Esfuerzo:** deleitarse en la realización de la estabilidad meditativa

- **Flexibilidad física y mental** un efecto (o esfuerzo)

El antídoto para el olvido es:

- **Atención plena:** mantener la concentración continuamente en un objeto

El antídoto para el letargo y la ansiedad es:

- **Conciencia o vigilancia:** saber que el letargo o la ansiedad han aparecido o están apareciendo

El antídoto para la falta de aplicación es:

- **Aplicación:** poner en práctica los antídotos contra el letargo o la ansiedad

El antídoto contra la aplicación excesiva es:

- **Desistir de la aplicación:** dejar de hacer el esfuerzo

Estados de concentración

Aplicando los ocho antídotos, se eliminan gradualmente las cinco fallas y uno pasa a través de nueve estados de concentración, los cuales son:

- **Enfocar la mente:** congregar la mente y dirigirla hacia un objeto interno (como la forma visualizada del Buda)

- **Enfoque continuo:** prolongar la concentración en el objeto con mayor intensidad que en el estado previo

- **Reenfoque:** reconocer de inmediato la distracción y regresar al objeto

- **Enfoque incrementado:** congregar la mente de la concentración en lo general (aspectos del objeto visualizado de la meditación), y enfocarla cada vez con mayor constancia en lo sutil (detalles del objeto)

- **Disciplina:** conocer las buenas cualidades de la estabilidad meditativa y disfrutarlas

- **Apaciguarse:** cesar el disgusto hacia la estabilidad meditativa

- **Apaciguamiento cabal:** a través del esfuerzo, renunciar al letargo y a la ansiedad sutiles tan pronto surgen

- **Enfoque en un objeto:** generar continuamente la estabilidad meditativa en el contexto de que sea imposible que las condiciones desfavorables interrumpan el proceso

- **Colocar un contrapeso:** enfocarse espontáneamente en el objeto de la meditación sin requerir el esfuerzo de depender de la atención plena y de la conciencia

Los anteriores nueve estados de concentración se logran por medio de los seis poderes. El primer estado se consigue a través del poder de escuchar, el segundo a través del poder del pensamiento, el tercero y el cuarto a través del poder de la atención plena. El quinto y el sexto se logran a través del poder de la familiaridad.

Los periodos de las cuatro actividades mentales (métodos por medio de los cuales la mente se acopla con su objeto) ocurren durante los nueve estados de concentración:

- **Fijación forzada:** durante el primer y el segundo estado, la mente está fijada intensamente en su objeto de concentración

- **Fijación interrumpida:** del tercer al séptimo estado, la concentración ocurre de manera intermitente

- **Fijación sin interrupciones:** durante el octavo estado, la mente es capaz de permanecer en su objeto sin interrupciones

- **Fijación sin esfuerzo:** durante el noveno estado, la mente permanece espontáneamente en su objeto

Si uno conoce la naturaleza, el orden y las distinciones de los niveles explicados anteriormente sin error y cultiva permanecer en calma, puede generar con facilidad la estabilidad meditativa sin fallas en aproximadamente un año.

Esto ha sido un tratamiento del tema de permanecer en calma que aplica a los objetos en general. En particular, si uno cultiva permanecer en calma tomando la mente en sí como el objeto, se descubren ventajas adicionales. Uno identifica la mente propia. La mente es tan vacua como el espacio, no posee cualidades físicas como forma o figura. Es algo que sólo percibe cualquier aspecto de un objeto que aparece ante ella con vívida claridad. Una vez que se ha identificado la mente como tal, uno se involucra entonces con el estado del tiempo, la renuncia a las cinco fallas, la aplicación de los ocho antídotos, y demás, según lo citado anteriormente. Así se cultiva permanecer en calma.

Esta ha sido una simple y llana enumeración de los elementos de permanecer en calma en el sentido de mi extrema abreviación de las primeras enseñanzas budistas. La medida de lograr permanecer en calma es que una vez que uno consigue la flexibilidad mental y física, consigue la flexibilidad de la inmovilidad, lo cual es cuando la mente permanece enfocada en su objeto. En ese momento, uno logra permanecer en calma realmente, lo que se incluye en la etapa de preparación de la primera concentración. De los tres reinos, esta concentración pertenece al reino de la forma. Al conseguir permanecer en calma, la mente es útil, y no importa el tipo de objeto virtuoso o significado en el que se enfoque, la mente permanece enfocada en él. A través de esta fuerza, la habilidad de la mente para comprender su significado es grandiosa.

❧❧❧

Capítulo siete

El despertar de la mente

El despertar de la mente es la intención de llegar a la budeidad con el fin de liberar del sufrimiento a todos los seres del universo. Para desarrollar una mente despierta, debemos meditar pues no puede cultivarse sólo deseándola y orando. No puede cultivarse comprendiendo intelectualmente su significado. Tampoco recibiendo bendiciones. Debemos cultivarla por medio de la meditación y del hábito repetido y prolongado. Para poder sustentar la meditación en la mente despierta debemos primero apreciar los beneficios de cultivarla. Debemos desarrollar un deseo intenso de despertar la mente, verlo como una necesidad imperativa.

Por consiguiente, es obvio que es valioso cultivar un buen corazón, pero la pregunta es cómo hacerlo. Cuando se trata de entrenar la mente, un buen corazón atañe a la mente despierta. El mejor, supremo y magnífico buen corazón. Una mente llena de bondad sin límites complementada con sabiduría. Las escrituras explican que la mente despierta tiene dos aspiraciones: la aspiración de realizar los propósitos de los demás, apoyada por la aspiración de llegar a la budeidad.

Ahora bien, ¿qué queremos decir por "complementada con sabiduría"? Tomemos el caso de una mente que busca refugio en el Buda. Dicho estado mental puede involucrar la aceptación de que el Buda es un objeto superior de refugio, libre de toda falla y poseedor de todas las cualidades. Podría ser sencillamente aceptar que el Buda es un ser precioso y sagrado. Podría ser una cuestión de fe.

Pero también existe otro proceso para buscar refugio basado en el análisis y en la investigación respecto a la naturaleza del Buda y a la posibilidad de su existencia. Como resultado de dicho examen, podemos llegar a comprender que la existencia del Buda es posible. Llegamos a comprender la naturaleza del Buda, que él o ella posee una mente con cualidades únicas libres de toda obstrucción. Y después de comprender el significado del Buda superior, podemos cultivar un sentido más profundo de buscar refugio en el Buda basado en la convicción. Esto es mucho más fuerte y más estable que la pura fe.

Cultivar la mente despierta es similar a esto. Es posible ser un bodhisattva que todavía no ha comprendido la vacuidad, pero al mismo tiempo sentir una aspiración sincera de realizar los propósitos y los deseos de los seres sensibles. Basado en esa aspiración, él o ella puede generar una mente que aspira al estado de budeidad en beneficio de todos los seres sensibles. Pero usualmente, cuando hablamos de la mente despierta, nos basamos en la investigación respecto a si pueden eliminarse todos los sufrimientos de los infinitos seres sensibles, y si así es, determinar los medios para lograrlo. Basados en dichas reflexiones e ideas, examinamos el significado de la iluminación, como lo declaran las siguientes líneas:

La compasión enfocada en los seres sensibles.
Y la sabiduría enfocada en la iluminación.

Cuando cultivamos el noble despertar de la mente deseando llegar a la iluminación por el beneficio de todos los seres sensibles, aumentado por el conocimiento de que se puede llegar a la iluminación, la mente se torna maravillosa y valiente.

Cuando nos entrenamos en el despertar de la mente, debemos entrenarnos en estas dos aspiraciones: la aspiración hacia la budeidad y la aspiración del deseo de beneficiar a los demás. La fuente de la aspiración de beneficiar a los demás, la mente despierta que siente un interés mayor hacia los demás que hacia sí misma, eso es la compasión. En el curso de cultivar la compasión genuina, entrenamos la mente que siente un interés mayor por los seres sensibles afligidos por el sufrimiento, y la mente que observa a los seres sensibles que sufren como seres sensibles agradables y adorables. Pero al mismo tiempo debemos ser capaces de ver la naturaleza de los sufrimientos que afligen a estos seres sensibles. Debemos entrenarnos por separado en estas dos cosas.

La semilla de la budeidad

La única entrada al sendero del Gran Vehículo (budismo Mahayana) es generar el despertar de la mente. En el Gran Vehículo hay dos vehículos: el sutra y el tantra. Cualquiera al que desees entrar, sólo puedes hacerlo a través de la mente despierta. Cuando posees la mente despierta, perteneces al Gran Vehículo, pero tan pronto como te rindes, caes en gracia y te sales de él. En el momento en que generas la mente despierta, incluso si estás atado a los sufrimientos del ciclo de la existencia, te conviertes en un objeto de respeto incluso para los Budas, quienes ya han despertado.

Al igual que el fragmento de un diamante es una piedra maravillosa que supera a todas las joyas, la mente despierta es como un diamante, que incluso cuando está débil, supera con su brillo todas las cualidades poseídas por aquellos que persiguen su liberación personal. Nagarjuna, el filósofo budista, dice en La guirnalda preciosa que si deseas conseguir el estado insuperable de la iluminación suprema, su fuente es la mente despierta. Por consiguiente, genera una mente tan despierta como la del rey de las montañas.

Aquellos que no han desarrollado la mente despierta no pueden entrar en la práctica secreta del tantra. El acceso a las enseñanzas tántricas está reservado a aquellos que han recibido la iniciación y el empoderamiento: y si no poseen la mente despierta, no pueden recibir la iniciación tántrica. Esta es una clara afirmación de que la entrada al vehículo secreto también depende de gozar de la mente despierta.

La mente despierta es como una semilla para el logro de la budeidad. Es como un campo en donde cultivar todas las cualidades positivas. Es como la tierra en donde todo descansa. Es como el dios de la riqueza que acaba con toda la pobreza. Es como el padre protegiendo a todos los bodhisattvas. Es como una joya que cumple todos tus anhelos. Es como una lámpara mágica que realiza todos tus deseos. Es como una lanza que vence al enemigo de las emociones perturbadoras. Es como una armadura que te protege de los pensamientos inapropiados. Es como una espada que degolla las emociones perturbadoras. Es como un arma que evita todos los ataques. Es como un anzuelo que te saca de las aguas del ciclo de la existencia. Es como un torbellino que dispersa todos los obstáculos mentales y sus fuentes. Es como las enseñanzas concentradas que abarcan todas las oraciones y actividades de los bodhisattvas. Es como un altar ante el cual todo el mundo puede hacer sus ofrendas.

Por lo tanto, habiendo encontrado esta preciosa vida como un ser humano libre y afortunado, y habiendo encontrado las enseñanzas completas del Buda, debemos atesorar la mente despierta. Lo que hace que la tradición budista sea tan valiosa es que incluye técnicas preciosas para generar el despertar de la mente. La existencia de esta tradición de cultivar amor y compasión, y de desarrollar un interés por el bienestar de otros seres sensibles, es extremadamente afortunada. Personalmente, me siento muy afortunado de poder explicar estas enseñanzas en los tiempos actuales. De igual forma, ustedes son afortunados en extremo de poder leer respecto a una actitud tan invaluable.

No debemos pensar en la mente despierta apenas como un objeto de admiración, algo a lo que debemos respetar. Es algo que debemos generar en nuestro interior. Tenemos la habilidad y la opción de hacerlo.

Puede ser que hayas sido una persona espantosamente egoísta la primera parte de tu vida, pero con determinación, puedes transformar tu mente. Puedes convertirte en la persona descrita en una oración, que "nunca espera trabajar para su propio propósito, sino que trabaja siempre para el beneficio de los demás."

Herramientas para desarrollar una mente despierta

Como seres humanos, tenemos inteligencia y valor. Provistos de estos atributos, seremos capaces de lograr lo que vinimos a lograr. Personalmente, no he experimentado la mente despierta, pero cuando tenía unos treinta y tantos años, solía reflexionar en las Cuatro Nobles Verdades y comparaba la posibilidad de lograr la liberación y desarrollar la mente despierta. Solía pensar que era posible lograr mi liberación. Pero cuando pensaba en el despertar de la mente, me parecía demasiado lejano. Solía pensar que a pesar de que era una cualidad maravillosa, sería algo demasiado difícil de lograr.

Ha pasado el tiempo, y aunque todavía no he desarrollado una mente despierta, me siento bastante cerca de lograrlo. Ahora pienso que si trabajo lo suficiente, puedo desarrollarla. Escuchar y pensar en la mente despierta me hace sentir feliz y triste al mismo tiempo. Como todos los demás, también experimento emociones negativas como ira, envidia y competencia, pero debido a la familiaridad repetida, también me estoy acercando cada vez más a la mente despierta. Es una cualidad única de la mente en la que una vez que te familiarizas con un objeto en particular, tu mente se estabiliza con relación a eso. Al contrario del progreso físico, sujeto a restricciones naturales, las cualidades de la mente pueden desarrollarse infinitamente. La mente es como un fuego, el cual alimentado continuamente, se expande cada vez más. No hay nada que no se facilite con la familiaridad.

El primer paso para desarrollar realmente el despertar convencional de la mente, que se relaciona con los intereses de los otros, es apreciar las fallas del egocentrismo y las ventajas del aprecio hacia los demás. Una práctica importante para desarrollar este despertar de la mente es intercambiarse con los demás. Hay varias explicaciones distintas acerca de la forma de realizar esta práctica. En todas las explicaciones, hay un factor común: es necesario al comienzo sentir afecto hacia los seres sensibles. Debemos pensar en ellos como seres agradables y atractivos y tratar de cultivar un gran sentido de afecto hacia ellos. Esto requiere generar un sentido de ecuanimidad que regula nuestras emociones fluctuantes hacia otros seres sensibles.

Para hacer esto, es muy útil visualizar tres personas al frente tuyo: tu pariente o amigo, un enemigo y alguien hacia quien te sientes neutro. Observa tu reacción natural hacia ellos. Por lo general, estamos predispuestos a sentirnos cerca de nuestros parientes, distantes de nuestros enemigos e indiferentes hacia los demás. Cuando piensas en tu amigo, te sientes cercano a él o ella e inmediatamente sientes interés por su bienestar. Cuando piensas en tus enemigos, te sientes incómodo y molesto. Incluso puedes sentir agrado si tu enemigo está en problemas. Cuando piensas en la persona hacia quien te sientes neutral, sientes que no te importa en verdad si esta persona es desgraciada o feliz. Te sientes indiferente. Cuando reconozcas estas emociones fluctuantes, pregúntate si están justificadas. Si te imaginas a tu amigo haciéndote daño, te darás cuenta que tu reacción hacia él o ella cambiará.

Aquellos que llamamos nuestros amigos en esta vida presente no han sido siempre nuestros amigos. Tampoco aquellos que en el presente consideramos nuestros enemigos han sido siempre hostiles. Tu amigo o tu pariente en esta vida puede haber sido un enemigo en una vida pasada. De igual manera, la persona que consideramos un enemigo ahora, puede haber sido uno de nuestros padres en una vida previa. Por consiguiente, es insensato interesarnos solamente en aquellos que vemos como amigos e ignorar aquellos que consideramos enemigos. La meta es reducir el apego por tus parientes y amigos, y la ira y el odio hacia tus enemigos. Reflexiona en la noción de que no existe un ser sensible que no haya sido tu amigo. Esta es la forma de cultivar la ecuanimidad hacia todos los seres sensibles.

También es solamente con relación a los demás seres sensibles que podemos observar la ética pura, es decir, abstenernos de matar, robar y del abuso sexual. Ninguna de las diez acciones virtuosas puede ser llevada a cabo excepto con relación a los demás seres sensibles. De igual manera, podemos cultivar la práctica de la generosidad, la ética y la paciencia solamente en relación con los demás seres sensibles. Solamente con relación a ellos podemos desarrollar amor, compasión y la mente despierta. Por ejemplo, la compasión es un estado mental que ocurre cuando nos enfocamos en los sufrimientos de los demás seres sensibles y cultivamos un deseo intenso por su liberación de dichos sufrimientos. Por lo tanto, sin otros seres sensibles como nuestro objeto, somos incapaces de cultivar la compasión.

La mente no puede ser transformada a la fuerza usando cuchillos y armas. Puede parecer débil, no tener color ni forma, pero en realidad es fuerte y resistente. La única forma de cambiarla es usando la mente misma para que esta pueda distinguir entre lo que debe hacerse y a lo que debe renunciar. Así es como se disuelve la oscuridad y la ignorancia. Cuando la mente puede ver los beneficios temporales y supremos de involucrarse en las virtudes y las fallas de las obras que no son virtuosas, podemos entonces actuar acorde.

Generar amor y compasión es en extremo importante para tu práctica al comienzo, en medio y al final cuando logras la budeidad. Y es solamente cuando logras el estado del despertar total de un Buda que tienes la capacidad de realizar los propósitos de los seres sensibles. Las prácticas como los cuatro medios para reunir discípulos (dar, hablar de manera agradable, enseñar y actuar de acuerdo con las enseñanzas), y las seis perfecciones (generosidad, disciplina, paciencia, esfuerzo, concentración y sabiduría), se generan realmente en dependencia de los seres sensibles. Todas las prácticas fructíferas del Gran Vehículo surgen en relación con el interés por el bienestar de los demás seres sensibles. Por lo tanto, cada vez que tu mirada se pose en un ser sensible, piensa: *despertaré por entero dependiendo de seres tales como éste,* y contémplalo con amor y compasión.

Al igual que podrás recolectar buenas cosechas si tu planta germina en suelo fértil, sentir cariño por los seres sensibles producirá las mejores cosechas de tu budeidad. Apreciar el bienestar de los seres sensibles, hará que seas capaz de conseguir una buena reencarnación y el despertar total de un Buda. Los muchos tipos de sufrimiento experimentados por animales, espíritus hambrientos y moradores del infierno son el resultado de perjudicar a los seres sensibles. Descuidar el bienestar de los seres sensibles, hará que encuentres las miserias de comer y ser comido por otros, hambre y sed, y dolor insoportable y constante.

Dar y recibir es una práctica que debe ser comprendida con gran valor mental y determinación. El gran maestro budista Sha-ra-wa (1070–1141) dijo que si realmente deseas acostumbrar tu mente a dichas instrucciones, tu práctica no debe ser meramente como una piedra rodando por una empinada colina, ni tampoco debe ser como agua tibia en un charco estancado. Debe ser roja como la sangre y blanca como la leche. Esto significa que para entrenar tu mente no debes ser indiferente, dudoso o aprehensivo, sino totalmente dedicado y decidido. Si estás buscando el éxito, no puedes esperar involucrarte en la práctica de entrenar la mente un día y al día siguiente hacer algo distinto.

Después de entrenarte en el amor y la compasión, podrías preguntarte por qué debes llegar al estado del despertar de un Buda. Los grandes seres cuya intención es la liberación personal y los bodhisattvas en el décimo nivel del desarrollo espiritual tienen una gran capacidad de ayudar a los demás. Sin embargo, solamente logrando la iluminación completa pueden llevar a innumerables seres más allá del sufrimiento. Por lo tanto, debes generar una aspiración profunda de conseguir el estado del despertar pleno de un Buda, capaz de realizar tanto los propósitos personales como los de los demás.

En la actualidad, muchos de nosotros podríamos dudar si es verdaderamente posible conseguir el estado de budeidad. Cuando hablamos de budeidad, podríamos pensar solamente en Buda Shakyamuni, quien apareció en este mundo hace más de 2,500 años. Por lo tanto, es importante tener una buena comprensión de la naturaleza de la iluminación. Primero, debemos comprender la posibilidad de deshacernos de las fallas que contaminan nuestras mentes. Esto es lo que hace posible el logro de la iluminación. Si comprendemos esto, inspirará nuestro esfuerzo por generar la mente despierta. Se dice entonces que la sabiduría se enfoca en la iluminación, y la compasión se enfoca en las necesidades de los demás seres sensibles. Una vez que apreciamos la posibilidad de lograr la iluminación en nuestras propias mentes, aspiraremos a llegar a ella.

Entrenamiento mental en siete puntos

Esta es la obra escrita por el maestro budista Geshe Chekawa (1101–1175) como resultado de su larga experiencia enseñando la práctica del entrenamiento mental:

Homenaje a la gran compasión.
La esencia de este néctar de instrucciones
    secretas
es transmitida por el maestro de Sumatra.
Debes comprender el significado de estas
    instrucciones
como un diamante, el sol y un árbol medicinal.
Esta época de cinco generaciones será entonces
    transformada
en el sendero hacia el estado del despertar
    pleno.

1. Explicar los preliminares como base para la práctica

Primero, entrénate en los preliminares.

2. (a) La práctica real: entrenamiento en el despertar convencional de la mente

Destierra de ti la necesidad de buscar un
    culpable para todo.
Medita en la gran bondad de todos los seres
    sensibles.

Practica dar y recibir en combinación.
Dar y recibir deben ser practicados de forma
    alternada.
Y debes comenzar dando de ti.
Debes dar y recibir siguiendo el ritmo de la
    respiración.
Respecto a los tres objetos, los tres venenos y
    las tres virtudes,
la instrucción a seguir, en resumen,
es realizar todas las actividades con estas
    palabras en tu corazón.

(b) Entrenamiento para el supremo despertar mental

Cuando ha sido alcanzada la estabilidad,
    imparte la enseñanza secreta:
Considera todos los fenómenos como sueños,
examina la naturaleza de la conciencia
    venidera.
El remedio en sí es liberado en su propio lugar,
coloca la esencia del sendero en la naturaleza
    de la base de todas las cosas.
En medio de las sesiones de meditación, sé
    como un mago, un creador de ilusiones.

3. Transformar las circunstancias adversas en el sendero a la iluminación

Cuando el entorno y sus habitantes desborden
en la locura,
transforma las circunstancias adversas en
el sendero a la iluminación.
Reflexiona de inmediato en todas las
oportunidades.
El método supremo se acompaña de las cuatro
prácticas.

4. La práctica integrada de una sola vida

Entrénate en los cinco poderes.
Los cinco poderes son el Precepto del
Gran Vehículo
sobre la transferencia de la conciencia.
Cultiva este sendero de la práctica.

5. El valor de entrenar la mente

Integra todas las enseñanzas en una idea.
Debe concederse suprema importancia a
los dos testigos.

Sólo cultiva constantemente una mente alegre.
El valor de una mente entrenada es que
    ha regresado.
Hay cinco grandes marcas en una mente
    entrenada.
La (mente) entrenada retiene el control incluso
    cuando está distraída.

6. Los compromisos de la mente entrenada

Entrénate siempre en los tres puntos generales.
Involúcrate con pasión en medios contundentes
para cultivar cualidades y abandonar las
    emociones perturbadoras.
Doblega todas las razones (del egoísmo).
Entrénate consistentemente para lidiar con
    situaciones difíciles.
No confíes en otras condiciones.
Transforma tu actitud, pero mantén tu
    conducta natural.
No hables de las fallas de los demás,
los asuntos ajenos no te conciernen.
Renuncia a cualquier esperanza de una
    recompensa.
Evita los alimentos venenosos.

No seas leal a quien no debas serlo.
No te burles maliciosamente de nadie.
No mientas ni tiendas emboscadas.
No seas cruel.
No le pongas a un potro la carga de un caballo.
No te aceleres demasiado para ganar la carrera.
No conviertas a dioses en demonios.
No busques la desgracia ajena como tu camino
    hacia la felicidad.

7. Los preceptos de la mente entrenada

Todo yoga debe ser realizado como uno.
Hay dos actividades que deben realizarse al
    comienzo y al final.
Entrénate primero en las prácticas más fáciles.
Sé paciente con ambas, cualquiera que ocurra.
Resguárdalas a costa de tu vida.
Entrénate en las tres dificultades.
Transforma todo en el sendero hacia el
    Gran Vehículo.
Valora la práctica que todo lo abarca y hacia
    todo se extiende.
Busca las tres condiciones principales.
Purifica primero la más burda.

Practica lo que sea más efectivo.

No permitas que se debiliten los tres factores.

Nunca te separes de las tres posesiones.

Si caes de nuevo, medita en eso como
el antídoto.

Comienza ahora mismo las prácticas
principales.

En el futuro, usa siempre tu armadura.

No malinterpretes.

No seas esporádico.

Practica con intrepidez.

Sé deliberado con el examen y el análisis.

No seas arrogante.

No seas irascible.

No hagas intentos fugaces.

No esperes gratitud.

El significado de la práctica

La frase "practicar un sistema religioso" no es concedida a un simple cambio físico o a vivir en un monasterio ni a orar. La práctica religiosa puede ser llevada a cabo en función de nuestros propios pensamientos. Si uno sabe aplicar las enseñanzas en sus propios pensamientos, todas las obras físicas y verbales pueden realizarse de acuerdo con la práctica. Si uno no sabe aplicarlas en sus propios pensamientos, aunque uno medite, lea las escrituras o se pase la vida en un templo, no ayudará; sin embargo, el pensamiento sí es importante para la práctica. Por consiguiente, buscar refugio en las Tres Joyas (el Buda, su Doctrina y la Comunidad Espiritual), tener en cuenta la relación entre las acciones y sus efectos y generar una actitud de servicio hacia los demás es lo más importante.

Antiguamente, en el Tíbet había un famoso lama llamado Drom. Un día Drom vio un hombre caminando cerca de una reliquia: "Caminar cerca de una reliquia es bueno," dijo. "Practicar es todavía mejor."

El hombre pensó: *Entonces debe ser bueno leer un libro sagrado.* Así lo hizo y un día cuando estaba leyendo, Drom lo vio y le dijo: "Leer un libro sagrado es bueno; practicar es todavía mejor."

El hombre pensó: *Esto tampoco parece ser suficiente. Quizá si medito un poco ciertamente será practicar.*

Drom lo vio y le dijo: "Meditar es bueno; practicar es todavía mejor."

El hombre quedó sorprendido y le preguntó "¿Cómo practica uno?"

Drom le respondió: "No te apegues a esta vida; haz que tu mente se convierta en la práctica." Drom dijo esto porque la práctica depende del pensamiento.

❧❧❧

Ocho versos para
entrenar la mente

Ocho versos para el entrenamiento de la mente es un texto breve escrito por el maestro budista Geshe Lang-ri Tang-pa (1054–1123), quien consideraba la práctica de la mente para la iluminación y, en particular la meditación de intercambiarse con los demás, como lo más importante de su vida. Estos versos me fueron explicados por primera vez cuando yo era un niño pequeño en Lasa, y los he recitado todos los días desde entonces como parte de mi práctica personal.

Con la determinación de realizar
el bienestar más elevado
para todos los seres sensibles,
mucho más allá de la gema más preciada que
concede todos los deseos,
aprenderé a apreciarlos a todos amorosamente.

En cada convivencia con los demás seres
aprenderé a verme como
el más humilde de entre ellos.
Desde lo más profundo de mi
corazón y con todo respeto
consideraré a los demás como seres sublimes.

En toda acción aprenderé a inspeccionar mi mente
y tan pronto se genere una emoción perturbadora,
que me ponga en peligro a mí y a los demás,
la enfrentaré con firmeza
e impediré que se manifieste.

Aprenderé a apreciar a todos
los seres duros de corazón
y a los oprimidos por crímenes y sufrimientos,
como si hubiese descubierto un precioso tesoro,
uno muy difícil de encontrar.

Cuando a causa de la envidia, sea maltratado,
abusado, difamado o algo por el estilo,
aprenderé a aceptar mi derrota
y a ofrecerles a ellos la victoria.

Cuando aquel a quien he beneficiado
y he depositado toda mi confianza
me lastime gravemente sin razón,
que aprenda a verlo
como a un noble guía espiritual.

En resumen, aprenderé a ofrecer
a todos sin excepción
toda la ayuda y la felicidad
directa e indirectamente.
Y respetuosamente asumiré
todo el daño y el sufrimiento de mis madres.

Aprenderé a guardar estas prácticas
libres de las manchas de las
Ocho Preocupaciones Mundanas.
Y percibiendo todos los fenómenos como ilusiones,
seré liberado de la esclavitud y del apego.

En los primeros siete de los ocho versos para el
entrenamiento de la mente, se habla del despertar

convencional de la mente, conocido como Bodhicitta convencional. En el último verso, vemos una breve referencia a la forma alternativa de Bodhicitta: el Bodhicitta último o absoluto.

— El **primero** de estos versos dice: *Aquellos que posean la determinación de realizar el bienestar más elevado para todos los seres sensibles, que excedan incluso la gema más preciada que concede todos los deseos, ¡que pueda yo apreciarlos todo el tiempo!* Nos referimos a la relación entre el ser y los demás. ¿Cuál es la situación usual a este respecto? En general, uno puede decir que aprecia —obviamente con suma consideración— su propio ser, sus propias consideraciones, y por lo tanto, la misión de lograr el bienestar personal encontrando la felicidad y evitando el sufrimiento. Esta carga es llevada por uno mismo como la preciosa preocupación principal. Al mismo tiempo, las preocupaciones por los demás son descartadas como de poca importancia, o incluso como insignificantes.

Esta situación debe cambiar comprendiendo el entrenamiento mental que invierte esta actitud de prestar mucha atención al bienestar personal, y pensar en el bienestar de los demás como algo insignificante. Lo que debe hacerse es desarrollar gran consideración e interés por el bienestar de los demás, observando el bienestar personal como algo relativamente insignificante. Este es el objetivo. Con el fin de lograrlo, uno requiere un entrenamiento mental sostenido que involucra un número de métodos distintos.

— El **segundo** verso del texto dice: *En cada convivencia con los demás seres, aprenderé a verme como el más humilde entre ellos. Desde lo más profundo de mi corazón y con todo respeto, consideraré a los demás como seres sublimes.* El contenido de estas líneas contrasta con nuestra actitud previa de observar a los demás como inferiores. Más bien, ahora vemos a todos los seres sensibles o pensamos en ellos como nuestros propios hermanos, mientras que nos vemos como inferiores a ellos. Los apreciamos y dedicamos nuestro cuerpo, mente y todo nuestro ser al bienestar de los demás, al bienestar de todas la creaturas, ahora consideradas supremas.

— El **tercer** verso dice: *En toda acción aprenderé, que pueda yo inspeccionar mi mente y tan pronto entre en conflicto o surjan conflictos mentales que me pongan en peligro a mí y a los demás, que sepa enfrentarlos con firmeza e impedir que se manifiesten.* Cuando se busca cultivar esta actitud de apreciar a los demás desde la posición en que uno se considera como su admirador, uno descubre que esta actitud es incompatible con varias distorsiones mentales, es decir, las distorsiones mentales que hasta ahora han impedido que renunciemos al amor propio, a los falsos conceptos del ser.

En vista de esta incompatibilidad, el verso enfatiza que debemos resguardarnos de dichas distorsiones mentales. Cuando ellas surjan en la mente, debemos mantenernos alerta ante esas ideas como si estuviéramos vigilando una casa. Debemos hacerlo con atención plena y conciencia discriminadora. Estas dos son como guardianes internos de la mente, como la policía interior. Si están presentes en la mente, no es necesaria la policía exterior, porque uno no realizará acciones malignas o perjudiciales. Sin embargo, sin estos guardianes interiores, si estos policías de la atención plena y la conciencia discriminadora están ausentes, no importa la cantidad de policías que haya en el exterior, no serán capaces de lidiar con eso. Por ejemplo, podemos ver lo poco efectiva que es la policía en el caso de los terroristas.

— El **cuarto** verso dice: *Cuando vea seres de naturaleza malvada, oprimidos por distorsiones violentas, que sean para mí tan preciados como si hubiese descubierto* *un precioso tesoro.* Este verso se refiere especialmente a los seres que de alguna manera son en extremo repugnantes, como los caníbales o los seres muy malvados. Al encontrarnos con dichos seres, aunque no tengamos ningún deseo de lastimarlos, puede muy bien ser nuestra inclinación natural evitarlos, alejar nuestra mirada de ellos, no tener contacto con ellos.

Esta actitud, no obstante, debe ser eliminada. Lo que debe ser cultivado, en su presencia o en su ausencia, es un interés afectuoso hacia tales seres para que cuando nos encontremos con ellos, no pensemos: *¡Oh! Ahora debo hacer algo respecto a ellos; es una carga que debo llevar, o debo hacer algo al respecto.* Más bien, al encontrarnos con dichos seres, uno debe sentir que ha descubierto una joya preciosa, o algo muy glorioso, y aceptar con agrado esta oportunidad de ayudarlos.

— El **quinto** verso dice: *Cuando alguien se enoje o me maltrate, abuse de mí o me difame, o algo por el estilo, que aprenda yo a sufrir mi derrota y a ofrecerles a ellos la victoria.* De aquí la importancia de cultivar esta actitud de servicio, el deseo de apreciar a los demás, pero uno debe tener cuidado especial de que sea un punto central de la práctica cultivar dicha actitud hacia los seres, que por una u otra razón sienten el deseo mágico de lastimarnos, ya sea por su ira o por su deseo de defraudarnos, ya sea que nos hagan daño físico o nos deseen el mal. Uno debe tener una consideración especial hacia estos seres, como si fueran muy preciados. Con dichos seres sensibles, si su actitud de maldad hacia uno conlleva hacia algún tipo de conflicto, lo que uno debe hacer es aceptar la derrota o la pérdida para uno mismo y permitirles la victoria. Esta es la esencia del verso precedente.

— El **sexto** verso dice: *Cuando aquel a quien yo haya beneficiado me lastime gravemente, que yo lo considere mi gurú supremo.* Entre el vasto número de seres sensibles, puede haber algunos hacia quienes hayamos realizado esfuerzos especiales de servicio o les hayamos demostrado una bondad especial que haya sido considerada como una acción noble o apropiada. Sería justo que dicha persona retribuyera con la misma bondad y demostrara interés hacia su benefactor. Pero puede ocurrir que cuando hayamos sido bondadosos con alguien, esa persona responda de mala e injusta manera, en cuyo caso nuestra respuesta natural sería sentirnos molestos y tratados injustamente.

Ahora bien, lo que hace un bodhisattva —es decir, alguien que cultiva esta actitud— es considerar a la otra persona como su propio gurú espiritual, tomando lo sucedido como una tremenda oportunidad y valorando de una manera especial a esta persona como alguien que debe ser atesorado. Esto es debido a que esa persona nos ha brindado la oportunidad de cultivar la paciencia y la tolerancia. Así es que el bodhisattva cultiva este tipo de actitud mental.

— Ahora llegamos al **séptimo** verso que dice: *En resumen, que pueda yo ofrecer toda la ayuda y la felicidad directa e indirectamente a todas mis madres: que pueda asumir en secreto sus aflicciones y sufrimientos.* Aquí nos referimos al despertar convencional de la mente. Entonces, para que esta buena actitud de apreciar a los demás más que a uno mismo se desarrolle con firmeza, y para que sea ferviente, debe surgir de las raíces de la compasión. La compasión es lo que siente una mente que no puede soportar el sufrimiento de los demás y anhela que se liberen de ellos. Además de sentir un interés honesto y compasivo hacia los demás, debemos desarrollar una actitud de amor y bondad en la cual observemos la felicidad y el bienestar de los demás con alegría.

Estos dos sentimientos —compasión y bondad amorosa— son las raíces en las cuales se origina el aprecio hacia los demás más que a uno mismo. Con base en estos sentimientos se ha originado una práctica llamada Tong-Len (gTong-Len, o dar y recibir) expresada en el verso: "Que pueda yo ofrecer beneficios y felicidad a todas mis madres, y recibir en secreto sus aflicciones y sufrimientos."

Transferir la felicidad propia a los demás y dirigir sus sufrimientos hacia nosotros, solamente es posible en ocasiones muy, muy raras en que uno mismo y el otro individuo han tenido un tipo muy especial de relación basada en una corriente de afinidad kármica, quizá de una vida previa. En dichas ocasiones, puede ser posible en verdad causar una transferencia de sufrimiento de otro ser a uno mismo, pero normalmente esto no es posible. Entonces, ¿para qué entrenar la mente para cultivar esta actitud? Porque conlleva gran fortaleza de carácter, valor y entusiasmo, y esto mejora nuestra propia práctica de cultivar una mente despierta.

— El **octavo** y último texto dice: *Que todo esto permanezca inmaculado ante las manchas de las Ocho Preocupaciones Mundanas. Que pueda yo, percibiendo todos los dharmas o componentes del fenómeno como ilusiones, me desapegue y me libere así de la esclavitud de la existencia cíclica.* En este verso final, el significado básico se relaciona con cultivar el despertar supremo de la mente. Mientras que los demás versos se relacionan directamente con los tipos de práctica, éste se relaciona directamente con el despertar de la mente.

Cultivar la idea de apreciar a los demás más que a uno mismo puede ser un gran riesgo porque hemos sido sujetos a muchas distorsiones mentales por mucho tiempo, interfiriendo con la práctica personal del Dharma. Uno puede estar contaminado con un interés por la reputación que pueda haber obtenido por su práctica, o uno puede desear secretamente recibir presentes de individuos a quienes uno les haya realizado la práctica. Además, puede surgir la idea de: *¡Oh, soy una persona religiosa; soy practicante del Dharma!* Esto puede llevar a un sentido de orgullo, de sentirse superior a los demás y mirarlos con desprecio.

Todos estos tipos de distorsiones mentales y de actitudes relacionadas con ellas son muy propensos a afectarnos. Debido al peligro de cultivar este despertar de la mente, uno debe tener cuidado especial con las denominadas Ocho Preocupaciones Mundanas. Estas incluyen la preocupación por la fama, los halagos, el placer y las ganancias. Uno debe liberar por completo la mente de ellas al practicar el Dharma. Cultivar este tipo de mente debe ser realizado de forma pura, en el sentido de no sentir interés hacia uno mismo y sentir un interés auténtico hacia los demás. Esto es extremadamente importante.

Capítulo nueve

Vivir y morir de forma significativa

Algo que nos preocupa a todos es cómo vivir y morir de forma pacífica. La muerte es una forma de sufrimiento; es una experiencia que preferiríamos evitar; sin embargo, es algo que nos acontecerá a todos y cada uno de nosotros. No obstante, es posible adoptar un curso de acción para que podamos enfrentar este evento indeseado sin temor. Uno de los factores principales que nos ayuda a permanecer en calma y tranquilos en el momento de la muerte, es la forma en que hemos vivido nuestras vidas. Cuanto más hayamos logrado que nuestras vidas sean significativas, menos tendremos de qué arrepentirnos en el momento de la muerte. Lo que sentimos en el momento de la muerte tiene entonces mucho que ver con la manera en que hemos vivido.

Embarcarse en una práctica espiritual cuantificada a través de muchas vidas y de un tiempo infinito, ofrece una perspectiva muy distinta de la muerte. En el contexto de tu existencia a lo largo de muchas vidas sucesivas, la muerte es algo así como cambiarte de ropa. Cuando tu ropa está gastada y vieja, la cambias por una nueva. Esto afecta tu actitud respecto a la muerte. Origina una comprensión mayor de que la muerte es parte de la vida. Los aspectos más ordinarios de la mente dependen de nuestro cerebro, por eso solamente funcionan mientras el cerebro funciona. Tan pronto el cerebro deja de funcionar, estos niveles de la mente se detienen. El cerebro es una condición para la aparición de los niveles más ordinarios de la mente; pero la causa sustancial de la mente es la continuidad de la conciencia sutil, la cual no tiene comienzo.

Cuando estamos muriendo, otras personas pueden recordarnos de generar estados positivos de la mente hasta el punto en que se disuelva el nivel ordinario de la conciencia. Pero una vez que hemos entrado en el nivel de la conciencia sutil, solamente puede ayudarnos la fuerza de nuestras predisposiciones previas. En ese punto es muy difícil que alguien nos recuerde de cualquier práctica virtuosa. Por lo tanto, es importante desarrollar una conciencia de la muerte, y familiarizarse con las formas de lidiar con la disolución de la mente desde nuestra juventud. Podemos hacerlo practicando por medio de la visualización. Luego, en vez de temer a la muerte, podemos sentir cierta emoción al respecto. Podemos sentir que nos hemos preparado por tantos años, por lo que debemos ser capaces de enfrentar el reto de la muerte con efectividad.

Vencer el miedo

Una vez que has experimentado la profundidad de la mente sutil en la meditación, puedes en realidad controlar tu muerte. Por supuesto, eso puede llegar a hacerse solamente cuando has alcanzado un nivel avanzado de la práctica. En el tantra existen prácticas avanzadas como la transferencia de la conciencia, pero yo creo que la práctica más importante en el momento de la muerte es el despertar de la mente. Es la más poderosa. Aunque en mi práctica diaria medito en el proceso de la muerte en asociación con varias prácticas tántricas siete u ocho veces al día, sigo convencido de que cuando muera, será más fácil para mí recordar la mente despierta. Esa es la mente hacia la que en verdad me siento cercano.

Desde luego, meditando sobre la muerte, también nos preparamos para no tener que preocuparnos por ella. Aunque todavía no estoy listo para enfrentar mi propia muerte, a veces me pregunto cómo será cuando la enfrente de verdad. Estoy determinado a que si vivo más tiempo, seré capaz de lograr mucho más. Mi voluntad de vivir es igual a mi emoción respecto a enfrentar la muerte.

Recordar la muerte es parte de la práctica budista. Hay diferentes aspectos que la componen. Uno es meditar constantemente respecto a la muerte como una forma de incrementar el desapego de esta vida y de sus atracciones. Otro aspecto es practicar el proceso de la muerte, familiarizarte con los diferentes niveles de la mente que se experimentan cuando uno muere. Cuando cesan los niveles más burdos de la mente, la mente sutil empieza a destacarse. Meditar sobre el proceso de la muerte es importante para ganar más experiencia en la mente sutil.

La muerte significa que este cuerpo tiene ciertos límites. Cuando el cuerpo ya no puede sostenerse, nos morimos y tomamos un nuevo cuerpo. El ser básico diseñado como una combinación de cuerpo y mente persiste después de la muerte, aunque el cuerpo en particular ya no exista. La mente sutil permanece. Desde ese punto de vista, el ser no tiene comienzo ni final; permanecerá hasta la budeidad.

No obstante, las personas temen la muerte. A menos que puedas garantizar tu futuro debido a las acciones positivas durante esta vida, existe toda clase de riesgo de renacer en un estado desfavorable de la existencia. En esta vida, aunque pierdas tu propio país y te conviertas en un refugiado, sigues viviendo en el mundo humano. Puedes buscar ayuda y apoyo. Pero después de la muerte encuentras circunstancias totalmente nuevas. La experiencia ordinaria que obtenemos en esta vida por lo general no ayuda para nada después de la muerte.

Si no te has preparado apropiadamente, las cosas pueden ser desafortunadas. La forma de prepararte es entrenar la mente. En un nivel, esto significar cultivar una motivación sincera y compasiva y realizar acciones positivas, servir a los demás seres sensibles. En otro nivel, significa controlar tu mente, lo cual es una forma mucho más profunda de prepararte para el futuro. Eventualmente, puedes convertirte en el dueño de tu propia mente, lo cual es el propósito de la meditación.

A quienes no creen en nada después de la muerte, les conviene pensar en la muerte como parte de la vida. Tarde o temprano tendremos que enfrentarla, y al menos nos ayuda pensar en la muerte como algo normal. Aunque evitemos deliberadamente pensar en la muerte, no podemos escaparnos de ella.

Enfrentados con dicho problema, tenemos dos alternativas. Una es sencillamente no pensar en ella, sacarla de la mente. Por lo menos, así tu mente permanecerá en calma. Pero esta no es una opción confiable porque el problema permanece, y tarde o temprano tendrás que confrontarlo. La otra alternativa es enfrentarlo, pensar en eso incisivamente. Conozco algunos soldados que dicen que su fuerza es mayor antes de la batalla que durante ésta. Si piensas en la muerte, tu mente se familiariza con la idea. Cuando ocurra en verdad, será menos sorprendente y estarás menos agitado. Por lo tanto, pienso que es útil pensar y hablar de la muerte.

Debemos hacer que nuestras vidas tengan significado. En las escrituras, los reinos de la existencia son descritos como impermanentes, como una nube en el cielo otoñal. El nacimiento y la muerte de los seres humanos puede comprenderse al observar las apariciones y salidas de los participantes de un drama. Ves a los actores primeros en un traje y luego en otro. En un corto periodo de tiempo, pasan por muchos cambios. Así es también nuestra existencia.

La decadencia de una vida humana se compara con el relámpago en el cielo y con la caída de un peñasco por una colina empinada.

El agua siempre corre cuesta abajo. Es imposible que lo haga cuesta arriba. Casi sin darnos cuenta, se acaba nuestra vida. Aquellos que aceptamos el valor de la práctica espiritual podemos pensar en nuestras vidas futuras, pero en nuestros corazones nos enfocamos principalmente en las metas de esta vida. Así es como llegamos a confundirnos y a quedar atrapados en el ciclo de la existencia. Desperdiciamos nuestras vidas. Desde el puro comienzo de nuestro nacimiento nos acercamos a la muerte. Sin embargo, pasamos nuestras vidas amasando alimentos, ropa y amigos. En el momento de la muerte, tenemos que dejarlo todo atrás. Tenemos que viajar solos al siguiente mundo, sin compañía.

Lo único que nos beneficia es si hemos llevado a cabo alguna práctica espiritual y hemos dejado huellas positivas en nuestras mentes. Si vamos a dejar de desperdiciar nuestras vidas e incitarnos a seguir una práctica espiritual, debemos meditar en la impermanencia y en nuestra propia inmortalidad, el hecho de que desde el momento de nuestro nacimiento, nuestros cuerpos son impermanentes por naturaleza y están sujetos a la desintegración.

La muerte como práctica espiritual

Realizar prácticas espirituales no pretende solamente beneficiar esta vida, sino atraer paz y felicidad en las vidas después de la muerte. Algo que entorpece nuestra práctica es nuestra tendencia a pensar que viviremos por mucho tiempo. Somos como alguien que ha decidido establecerse en cierto lugar. Dicha persona se involucra de forma natural en los asuntos del mundo: amasa riquezas, construye edificios, planta cultivos y cosas similares. Por otro lado, la persona que está más interesada en sus vidas después de la muerte es como una persona que desea viajar. Un viajero se prepara para encontrarse con cualquier eventualidad y llega con éxito a su destino. Como resultado de meditar en la muerte, un practicante se obsesiona cada vez menos con los asuntos mundanos: prestigio y fama, posesiones, estado social. Aunque trabaja para satisfacer las necesidades de esta vida, aquel que medita en la muerte encuentra el tiempo para generar la energía que atrae paz y alegría a sus vidas futuras.

La conciencia de la muerte puede desarrollarse a través de la meditación formal y de la analítica. Primero deben comprender intelectualmente la certeza de la muerte. No es un asunto teórico y oscuro, sino un hecho obvio y observable. Se cree que nuestro mundo data de algunos cinco mil millones de años, y que la raza humana ha existido por los últimos 100,000 años. Durante un periodo de tiempo tan largo, ¿ha existido un solo ser humano que no haya tenido que enfrentar la muerte? La muerte es absolutamente inevitable sin importar dónde vivan, ni si se esconden en lo más profundo del océano o se remontan a las alturas.

No importa quienes sean; deben morir. Stalin y Mao fueron dos de los hombres más poderosos del siglo XX, pero ellos también murieron; y parece que enfrentaron la muerte llenos de miedos y desdicha. Durante su vida, gobernaron como dictadores. Estuvieron rodeados de asistentes y lacayos prestos a obedecer sus órdenes. Gobernaron sin misericordia, listos para destruir todo aquello que desafiara su autoridad. Pero cuando se vieron enfrentados con su muerte, todos aquellos en quienes habían confiado hasta ese momento, todo en lo que se habían apoyado —su poder, sus armas, su fuerza militar— ya no les era de ninguna utilidad. En dichas circunstancias, cualquiera tendría miedo.

La ventaja de desarrollar la conciencia de la muerte es que los ayudará a que su vida tenga significado. Considerarán la paz y la felicidad perdurables como algo más importante que el placer a corto plazo. Recordar la muerte es como usar un martillo para destruir todas las tendencias negativas y las emociones perturbadoras.

Para desarrollar la conciencia de la muerte, deben pensar en lo impredecible que es. Esto lo expresa un refrán popular que dice: "Mañana o tu próxima vida, nunca sabes qué llegará primero." Todos sabemos que la muerte llegará un día. El problema es que siempre pensamos que será en el futuro. Siempre estamos ocupados con los asuntos mundanos. Por lo tanto, es esencial meditar en lo impredecible de la muerte. Los textos tradicionales explican que la extensión de la vida de las personas en este mundo es incierta, particularmente en estos tiempos de degeneración. La muerte no sigue ninguna regla u orden. Cualquiera puede morir en cualquier momento, sea viejo o joven, rico o pobre, enfermizo o sano. Nada puede darse por sentado respecto a la muerte. Las personas fuertes y sanas mueren de repente debido a circunstancias imprevistas; mientras que pacientes débiles y postrados en sus camas se mantienen vivos por largo tiempo.

Comparando las causas que conllevan a la muerte con los factores limitados que nos ayudan a apoyar la vida, podemos ver por qué la muerte es impredecible. Nos aferramos a este cuerpo humano, creyendo que es fuerte y que durará mucho. Pero la realidad desafía nuestras esperanzas. Comparados con las rocas y el acero, nuestros cuerpos son frágiles y delicados. Nos alimentamos para mantener nuestra salud y apoyar nuestras vidas, pero hay ocasiones en que incluso la comida nos enferma y nos conlleva a la muerte. Nada puede garantizar que vivamos para siempre.

La muerte es temida como el fin de la vida. Para empeorar las cosas, nada por lo que trabajemos en esta vida —riqueza, poder, fama, amigos o familia— puede ayudarnos en ese momento.

Puedes ser una persona muy poderosa respaldada por una gran fuerza militar, pero cuando llega la muerte, nada puede defenderte. Puedes ser rico y capaz de pagar por los mejores cuidados cuando estás enfermo, pero cuando la muerte finalmente prevalece, no hay experto que puedas contratar para evitarla. Cuando tienes que dejar este mundo, tu riqueza se queda aquí. No puedes llevarte ni un centavo. No te puede acompañar tu mejor amigo. Tienes que enfrentar solo el siguiente mundo. Solamente puede ayudarte tu experiencia en la práctica espiritual.

Tu propio cuerpo es precioso para ti. Ha sido tu compañero más confiable y firme desde tu concepción. Has hecho todo lo posible para cuidarlo. Lo has alimentado para que no esté hambriento; le has dado de beber cuando estaba sediento. Has descansado cuando estaba cansado. Te has preparado para hacer todo lo necesario para cuidarlo, atenderlo y protegerlo. En honor a la verdad, tu cuerpo también te ha servido. Siempre está listo para satisfacer tus necesidades. La sola función del corazón es una fuente de asombro. Funciona constantemente. Literalmente, no se detiene, no importa lo que hagas, estés dormido o despierto.

Pero cuando la muerte ataca, tu cuerpo se rinde. Tu cuerpo y tu conciencia se separan, y tu precioso cuerpo se convierte simplemente en un cadáver horrible. Por consiguiente, ante la muerte, todas tus riquezas y posesiones, amigos y parientes, incluso tu propio cuerpo ya no te sirven. Lo único que puede ayudarte cuando enfrentas lo desconocido es la virtud que has plantado en la corriente de tu conciencia. Por esa razón es que la práctica espiritual puede ayudar a hacer que tu vida sea significativa.

Recordar la mente despierta te brinda automáticamente calma y paz mental en el momento de la muerte. Cultivar un estado mental virtuoso cuando mueres puede originar que las acciones virtuosas produzcan frutos y te aseguren un buen renacimiento. Por consiguiente, desde el punto de vista de un practicante budista, llevar una vida diaria significativa quiere decir que te familiarices con los estados virtuosos de la mente, lo cual te ayudará eventualmente a enfrentar la muerte. Que tu experiencia sea positiva o negativa en el momento de la muerte depende de cómo hayas practicado durante tu vida. Lo más importante es que nuestro diario vivir sea significativo..., que nuestra actitud sea positiva, feliz y amorosa.

Capítulo diez

Comprender la vacuidad

El conocimiento del fenómeno externo, y la aplicación de ese conocimiento, es lo que llamamos ciencia en la actualidad. El enfoque y los métodos que se basan principalmente en los fenómenos internos, y la aplicación del fenómeno interno, como la conciencia o la mente, constituyen otra esfera del conocimiento. Ambos tienen el mismo objetivo: lograr la felicidad y la satisfacción, preocupaciones íntimas de todo ser humano.

No solamente el objetivo, sino el método, está directamente relacionado con los seres humanos, ya que es el individuo quien lo pone en acción. El científico que está investigando fenómenos externos sigue siendo un ser humano que desea la felicidad, pues ya sea su profesión o no, la conciencia también le interesa. La persona espiritual, cuyo interés yace en la conciencia o en la meditación, tiene que lidiar con la materia. No hay un sólo camino suficiente. De hecho, si se hubiera descubierto que así es, no habríamos sentido la necesidad de reunir ambas disciplinas.

Por consiguiente, los dos enfoques son muy importantes, y me gustaría decir unas cuantas palabras para relacionarlos mutuamente.

Generación interdependiente

La visión o filosofía fundamental del budismo es la "generación interdependiente." Cuando hablamos sobre la perspectiva de la generación interdependiente, queremos decir que las cosas existen dependiendo de algo o de otro, o son atribuidas a algo o a otro. En el caso de un fenómeno físico, uno especificaría que existen dependiente de sus partes, en tanto que el complejo fenómeno no-físico sería descrito como existente dependiendo de su continuidad o de un aspecto de su continuidad. En consecuencia, sea el fenómeno externo o interno, nada existe excepto dependiente de sus partes o aspectos.

Si uno investigara una base para la atribución de cualquier fenómeno dado, teniendo en cuenta que no encontraría ninguna "cosa" en absoluto que *fuera* en realidad el fenómeno, ninguna masa sólida que pueda señalar que representa al fenómeno, uno diría que ese fenómeno existe a través de la atribución de la mente.

Puesto que el fenómeno no existe independientemente de la mente que lo atribuye, uno habla de la "vacuidad," lo que significa la ausencia de cualquier existencia intrínseca que no dependa de la mente que la atribuye. Puesto que las cosas no existen por su propia iniciativa, sino dependiendo de las condiciones, estas cambian cuando encuentran condiciones diferentes. Por consiguiente, llegan a existir dependiendo de las condiciones, y cesan dependiendo de las condiciones. Esa ausencia de existencia intrínseca, independiente de causas y condiciones, es la base para que sean posibles todos los cambios en un fenómeno, como el nacimiento, la cesación y demás.

Puede ser interesante comparar la interpretación científica del papel del observador o "participante" con la visión budista, de que el fenómeno observado no existe meramente como una imagen mental, como una proyección, o como una visión de la mente, sino que existe como una entidad separada de la mente. La mente y la materia son dos cosas separadas. La materia está separada de la mente que la reconoce y la denomina.

Esto quiere decir que todos los fenómenos sin excepción, aunque no son simplemente una creación o manifestación de la mente considerando que no tienen entidad propia, su modo supremo de existencia depende de la mente que las atribuye como el "atribuyente." Su modo de existencia está por lo tanto separado del atribuyente, pero su existencia misma depende de éste. Siento que este punto de vista quizá corresponde con la explicación científica del papel del observador. Aunque aquí hayamos usado diferentes términos para explicarlos, sus significados están de alguna manera relacionados.

La naturaleza real del fenómeno

Superficialmente, la generación interdependiente y la vacuidad explicadas arriba pueden ser bastante contradictorias. No obstante, si uno las analiza a un nivel mucho más profundo, es posible llegar a comprender que la existencia de los fenómenos, a raíz de su vacuidad, es dependiente o condicionada, y debido a esa existencia dependiente, son vacíos por naturaleza. Por consiguiente, uno puede establecer tanto la vacuidad como la generación interdependiente en una sola base, y en consecuencia, dos facetas que a un nivel general parecen contradictorias, cuando comprendidas a un nivel profundo, se ajustan de manera complementaria.

El modo de la apariencia de los fenómenos es distinto a su modo real de existencia. Cuando la mente capta su apariencia, cree que esa apariencia es cierta, sigue esa idea o concepto en particular, y así uno comete errores. Puesto que el concepto ha sido completamente distorsionado en la captación del objeto, contradice el modo real de existencia o la realidad misma. Esta disparidad o contradicción entre lo "que es" y lo "que parece" es debida al hecho de que a pesar de que los fenómenos en realidad carecen de cualquier naturaleza intrínseca, ante la mente ordinaria parecen existir inherentemente, aunque carecen de dicha cualidad. De igual forma, aunque en realidad las cosas que dependen de causas, son impermanentes y transitorias, experimentando cambios constantes, *aparentan* ser permanentes e invariables.

De nuevo, alguien que en su verdadera naturaleza está sufriendo, aparenta felicidad. Y algo que en realidad es falso aparenta ser verdadero. Hay muchos niveles sutiles respecto a esta contradicción entre el modo de existencia de los fenómenos y su modo de apariencia. Como resultado de la contradicción entre lo "que es" y lo "que parece," surge todo tipo de errores. Esta explicación puede tener mucho en común con las visiones de los científicos respecto a los modelos de apariencia y existencia de ciertos fenómenos.

Hablando en general, comprender el significado de la vacuidad y de la generación interdependiente lo lleva a uno a una convicción más profunda de la ley de causa y efecto, en donde como resultado de diferentes causas y condiciones, surgen frutos o efectos correspondientes positivos o negativos. Uno podría entonces prestar mayor atención a las causas y también estaría más consciente de las diferentes condiciones. Si uno comprende la vacuidad o se familiariza con ella, disminuye en la mente el surgimiento de distorsiones como el apego, el odio y similares, puesto que todas ellas son causadas por visiones equívocas, errores al no distinguir correctamente entre lo "que es" y lo "que aparenta."

Por ejemplo, puedes ver en tu propia experiencia cómo te sientes respecto a algo que observas que cambia, dependiendo de tu propio estado mental. Aunque el objeto permanece igual, tu reacción será menos intensa cuando tu mente está calmada que cuando está abrumada por intensas emociones como la ira.

El modo real de existencia de los fenómenos, la idea esencial de la existencia es la vacuidad. Cuando uno comprende esto y aprecia la naturaleza contradictoria de la apariencia de los fenómenos, uno es capaz inmediatamente de comprender que esta visión errada es falsa. En consecuencia, todas las distorsiones mentales como el apego, el odio y similares — basados en esta concepción errada, un engaño enraizado en la naturaleza contradictoria del fenómeno —disminuyen en intensidad.

Podríamos preguntarnos: *¿Cómo llegan a existir por sí mismos los diferentes niveles de la conciencia o de la mente que reconocen un objeto?* Los diferentes niveles de la conciencia se relacionan con los diferentes niveles de la sutileza de la energía interna que activa y mueve la conciencia hacia un objeto dado. Entonces, el nivel de sutileza y de intensidad al mover la conciencia hacia el objeto, determina y establece los diferentes niveles de conciencia.

Es muy importante reflexionar en la relación entre la conciencia interna y las sustancias materiales externas. Muchas filosofías orientales, y en particular el budismo, hablan de cuatro elementos: tierra, agua, fuego y aire... o cinco elementos con la adición del espacio. Los primeros cuatro elementos —tierra, agua, fuego y aire— están apoyados por el elemento del espacio, el cual les permite existir y funcionar. El espacio o "éter" sirve entonces como base para el funcionamiento de todos los elementos.

Estos cinco elementos pueden dividirse en dos tipos: los cinco elementos externos y los cinco elementos internos, y existe una relación definida entre ellos. El elemento del espacio o "éter," según ciertos textos budistas, como el Kalachakra Tantra, no es un vacío total, desprovisto de todo, sino que se refiere a él como una "partícula vacía." Esta partícula vacía sirve entonces como la base para la evolución y la disolución de los otro cuatro elementos. Se generan en ella y son absorbidos de regreso a ella. El proceso de disolución evoluciona en el orden *tierra, agua, fuego* y *aire;* y el proceso de generación en el orden *aire, fuego, agua* y *tierra*. Estos cuatro son mejor comprendidos en función de: sólidos (tierra), líquidos (agua), calor (fuego) y energía (aire). Los cuatro elementos se generan del nivel sutil hacia el ordinario, de esta base de partículas vacías, y se disuelven del nivel ordinario al sutil en las partículas vacías. El espacio, o la partícula vacía, es la base para todo el proceso.

Meditar en la vacuidad

Para comprender que todos los fenómenos engañosos son iguales en su naturaleza de vacuidad, nos concentramos en la vacuidad. Cuando ha madurado la meditación en la mente iluminada y además el entrenamiento en la concentración, comienza entonces la práctica de la vacuidad.

Por lo general, no es necesario retirar la apariencia del objeto cuando meditamos en la vacuidad, pero como aquí estamos interesados en las prácticas tántricas, recomendamos que se retire la apariencia del objeto.

Podemos comenzar esta práctica de dos maneras: podemos primero disolver todas las apariencias y meditar luego en la vacuidad, o primero meditar en la vacuidad y luego disolver todas las apariencias de los objetos.

Para explicar brevemente la meditación real de la vacuidad, es muy importante identificar lo que debe ser negado.

Las principales escuelas budistas aceptan lo que se conoce como los cuatro sellos budistas. Son los siguientes:

- Todos los productos son impermanentes.

- Todos los fenómenos contaminados pertenecen a la naturaleza del sufrimiento.

- Todos los fenómenos carecen de existencia y están vacíos.

- El propio nirvana es paz.

En este caso, la carencia de existencia se refiere a la insubstancialidad de un ser independiente.

Primero, para meditar en la vacuidad, debemos identificarla, debemos saber lo que estamos negando. A menos que identifiquemos el objeto de la negación, no podemos tener la imagen de su ausencia. Por esto es más conveniente primero reflexionar sobre uno mismo.

Cuando dices con naturalidad "yo hago, yo como, yo sigo," contempla qué clase de ser o de "yo" aparece en tu mente. Luego intenta técnicas distintas. Intenta recordar situaciones desagradables en las que, por ejemplo, fuiste culpado injustamente de algo, o una situación agradable en donde fuiste elogiado. Durante dichas experiencias, tuviste un estado mental muy fluctuante y en ese momento pareciera que podrías sentir ese "yo," ese ser, con bastante claridad.

Cuando este "yo" apareció en tu mente, ¿apareció como algo separado de tu cuerpo y de tu mente, como una entidad independiente? Ese tipo de "yo" o ser, que aparece tan real ante ti que podrías señalarlo —algo independiente de tu cuerpo y de tu mente —ese tipo de "yo" es la proyección más errónea, y ese es el objeto de la negación.

Esta es la primera parte esencial: identificar lo que debe negarse.

El segundo punto esencial es reflexionar si dicho "yo" o ser independiente existe, si lo hace como uno con el cuerpo y la mente o verdaderamente separado de ellos, o si existe una tercera forma en que pueda existir.

Debes observar las diferentes posibilidades, y entonces descubrirás que si realmente existe como una entidad independiente, debería ser uno con el cuerpo y la mente, un conjunto, o debería estar separado porque no existe una tercera forma de existencia.

Este es el segundo punto esencial: las opciones son si es uno con el conjunto o totalmente diferente de ellos.

Ahora reflexiona en la idea de que es uno con el conjunto; luego así como el ser es único, el cuerpo y la mente deben ser uno porque se identifican con el ser. Si el ser está separado, al igual que el conjunto posee varias partes, también el ser debe poseerlas.

Luego contempla que si este ser independiente o "yo" existiera como algo distintivamente separado, verdaderamente aparte del conjunto, entonces debería poderse encontrar, incluso después de que el conjunto cesara de existir. Pero no es el caso.

Cuando buscas usando esta modalidad de investigación, descubres que dicho "yo" no puede ser identificado desde la posición del conjunto.

Razonando entonces, descubres que el "yo" o ser independiente, que precisamente aparecía en tu conciencia, es una proyección o concepto erróneo. No existe.

Por ejemplo, al alba o al ocaso, cuando no hay mucha luz, alguien puede asustarse y confundir un soga enroscada con una serpiente. Aparte de la imagen de la serpiente en la mente de esa persona, no hay sentido de verdadera existencia de una serpiente de parte del objeto, la soga.

Ocurre igual con el conjunto. Cuando percibes las apariencias del ser en él, aunque dichas apariencias parezcan surgir del conjunto, no existe la más mínima partícula que pueda identificar al ser con el conjunto. Así como en el ejemplo anterior en donde la serpiente es solamente una proyección errónea, no hay existencia real de la serpiente.

De igual forma, cuando tenemos la apariencia o la comprensión de una persona como distinta del conjunto, desde el punto de vista del conjunto, no existe la persona; es solamente una etiqueta atribuida al conjunto. Siempre y cuando no haya esencia existente de parte del objeto en cuestión, en ambos casos son lo mismo.

En lo que concierne a los estados del objeto, desde el punto de vista del objeto, no hay diferencia alguna entre ellos. La diferencia llega desde la mente que los percibe, desde el sujeto. Cuando catalogamos la soga enroscada como una serpiente, es un concepto erróneo. Cuando el sol sale, tenemos una visión clara del objeto y podemos disipar el concepto errado de que la soga era una serpiente a través de un reconocimiento válido, de un tipo distinto de conciencia.

Esa etiqueta de *serpiente* impuesta en la soga enroscada puede ser perjudicial. Sin embargo, en el caso de una persona, aunque no hay realidad objetiva, si catalogas al conjunto como a la persona, sirve al propósito. No hay otro tipo de conciencia que pueda disipar eso.

Sin embargo, si dijéramos que en consecuencia no existe una persona en lo absoluto, entonces nuestras propias experiencias contradecirían nuestra falsa conclusión. Por consiguiente, la existencia de la persona debe ser justificada solamente desde la conciencia subjetiva que la cataloga. Por esta razón, se dice que las cosas existen solamente nominalmente. No existe la realidad objetiva.

※✿※

Capítulo once

Responsabilidad universal

Debo mencionar que no soy de la opinión de crear movimientos o adoptar ideologías. Tampoco me gusta la práctica de establecer una organización para promover una idea en particular, lo cual implica que solamente un grupo de personas es responsable de la consecución de esa meta, mientras que todos los demás están exentos. En nuestras circunstancias actuales, ninguno de nosotros puede darse el lujo de asumir que alguien más va a resolver nuestros problemas; cada uno de nosotros debe asumir su participación en la responsabilidad universal. De esta manera, mientras crece el número de individuos responsables, decenas, cientos, miles o quizá, cientos de miles de estas personas mejorarán de forma grandiosa la atmósfera general. El cambio positivo no llega de inmediato y exige un esfuerzo constante. Si nos desanimamos, no conseguiremos ni las metas más sencillas. Con aplicación constante y determinada, podemos lograr incluso los objetivos más difíciles.

Adoptar una actitud de responsabilidad universal es esencialmente una cuestión personal. La verdadera prueba de compasión no es lo que decimos en discusiones abstractas, sino cómo nos comportamos en la vida diaria. No obstante, para la práctica del altruismo existen ciertos fundamentos básicos. Aunque no existe un sistema de gobierno perfecto, la democracia es lo más cercano a la naturaleza esencial de la humanidad. Por consiguiente, todos aquellos que disfrutamos de ella debemos luchar por el derecho de los demás a disfrutar de ella. Además, la democracia es la única fundación estable sobre la cual puede construirse una estructura política global. Para trabajar como uno solo, debemos respetar el derecho de todas las personas y las naciones de mantener sus propios caracteres y valores distintivos.

En particular, se requiere un tremendo esfuerzo para llevar compasión al dominio de las relaciones comerciales internacionales. La inigualdad económica, especialmente entre las naciones desarrolladas y las que están en vías de desarrollo, sigue siendo la mayor fuente de sufrimiento en este planeta.

Aunque pueden perder dinero a corto plazo, las grandes corporaciones multinacionales deben reducir la explotación de las naciones pobres. En un mundo desarrollado, es desastroso que dichos países sean menoscabados de sus pocos recursos preciosos para satisfacer el consumismo del mundo desarrollado; si esto continúa sin restricciones, todos sufriremos eventualmente. Fortalecer las economías débiles y poco diversificadas es una política mucho más inteligente para promover la estabilidad política y económica. Por muy idealista que suene, el altruismo, no solamente la competencia y el deseo de riqueza, debe ser una fuerza impulsora en los negocios.

También debemos renovar nuestro compromiso con los valores humanos en el campo de la ciencia moderna. Aunque el propósito principal de la ciencia es aprender más sobre la realidad, otra de sus metas es mejorar la calidad de la vida. Sin motivación altruista, los científicos no pueden distinguir entre las tecnologías beneficiosas y las que son sencillamente viables. El daño ambiental que nos rodea es el ejemplo más obvio de esta confusión, pero la motivación apropiada puede ser incluso más relevante en la decisión de cómo manejar este surtido

EN MIS PROPIAS PALABRAS

extraordinariamente nuevo de técnicas biológicas, con las cuales podemos manipular las sutiles estructuras de la vida misma. Si no basamos cada una de nuestras acciones en un fundamento ético, corremos el riesgo de infligir daños terribles a la delicada matriz de la vida.

Las religiones del mundo no están exentas de esta responsabilidad. El propósito de la religión no es construir hermosas iglesias o templos, sino cultivar las cualidades humanas positivas como la tolerancia, la generosidad y el amor. Todas las religiones del mundo, sin importar su visión filosófica, están fundadas primero y por encima de todo, en los preceptos de que debemos reducir nuestro egoísmo y servir a los demás. Por desdicha, algunas religiones causan más altercados que los que solucionan. Los practicantes de las distintas doctrinas deben comprender, que todas las tradiciones religiosas tienen un valor intrínseco inmenso y los medios para ofrecer salud mental y espiritual.

Una religión, como un solo tipo de comida, no puede satisfacer a todo el mundo. De acuerdo con sus variadas disposiciones mentales, algunas personas se benefician de un tipo de enseñanzas y otros de otras. Cada fe tiene la habilidad de producir personas buenas y amables, y a pesar de que adoptan filosofías a menudo contradictorias, todas las religiones han logrado eso. Por consiguiente, no hay razón para involucrarse en fanatismo e intolerancia religiosa, y en cambio, sí hay muchas razones para apreciar y respetar todas las formas de práctica espiritual.

Estamos en el periodo más doloroso de la historia humana, una época en que debido al vasto incremento del poder destructivo de las armas, más personas han sufrido y muerto por violencia que nunca antes. Además, también hemos sido testigos de una competencia casi terminal entre las ideologías fundamentales que siempre han desgarrado la comunidad humana: la fuerza y el poder bruto por un lado, y la libertad, el pluralismo, los derechos individuales y la democracia por el otro lado.

Creo que los resultados de esta inmensa competencia ahora son claros. A pesar de que el buen espíritu humano de paz, libertad y democracia sigue enfrentando muchas formas de tiranía y maldad, no obstante, es un hecho innegable que la vasta mayoría de las personas en todas partes desean que triunfe. Por consiguiente, las tragedias de nuestra época no han ocurrido por entero sin beneficios; y en muchos casos, han sido las mismas causas para que se haya abierto la mente humana. El colapso del comunismo lo ha demostrado.

Aunque el comunismo adoptaba muchos nobles ideales, incluyendo el altruismo, el intento de sus elites gubernamentales de dictar sus puntos de vista ha demostrado ser caótico. Estos gobiernos llegaron a extremos para controlar todo el flujo de información a través de sus sociedades, y para estructurar sus sistemas educativos para que sus ciudadanos pudieran trabajar para el bien común. Aunque habría sido necesario en el comienzo que una rígida organización destruyera los regímenes opresivos existentes, una vez que esa meta se hubo logrado, la organización no logró contribuir con la construcción de una comunidad humana de utilidad. El comunismo falló por completo porque se basaba en la fuerza para promover sus creencias. A fin de cuentas, la naturaleza humana fue incapaz de soportar el sufrimiento causado.

La fuerza bruta, no importa con la intensidad que sea aplicada, jamás puede avasallar el deseo humano básico de libertad. Los cientos de miles de personas que marcharon en las ciudades de Europa Oriental lo comprobaron. Ellos simplemente expresaron la necesidad humana de libertad y democracia. Fue algo muy emotivo. Sus exigencias no tenían nada que ver en absoluto con una nueva ideología; estas personas sencillamente hablaban desde sus corazones, compartiendo su deseo de libertad, demostrando que ella deriva de la esencia misma de la naturaleza humana.

De hecho, la libertad es la misma fuente de creatividad tanto para las individuos como para la sociedad. No es suficiente, como han asumido los sistemas comunistas, proveer solamente alimentos, abrigo y vestimenta a las personas. Si tenemos todas esas cosas, pero carecemos del aire precioso de la libertad para apoyar nuestra naturaleza más profunda, sólo somos humanos a medias; somos como animales contentos con solo satisfacer sus necesidades físicas.

Pienso que las revoluciones pacíficas de la antigua Unión Soviética y Europa Oriental, nos han enseñando muchas grandes lecciones. Una es el valor de la verdad. A la gente no le gusta que los intimiden, los engañen, ni les mientan, ya sea de parte de un individuo o de un sistema. Dichos actos se oponen al espíritu esencial humano. Por lo tanto, aunque aquellos que practican el engaño y el uso de la fuerza pueden conseguir éxitos cuantiosos a corto plazo, eventualmente serán derrocados.

Por otro lado, todos apreciamos la verdad y la respetamos porque está en nuestra sangre. La verdad es la mejor garantía, y la verdadera base de la libertad y la democracia. No importa si eres débil o fuerte, o si tu causa ha conseguido muchos o pocos adeptos;

la verdad siempre prevalecerá. El hecho que los movimientos de libertad victoriosa de 1989 en adelante, se hayan basado en la verdadera expresión de los sentimientos básicos de la mayoría de las personas, es un valioso recordatorio de que en nuestra vida política sigue estando seriamente ausente la verdad misma.

Especialmente en la conducta de las relaciones internacionales, sigue habiendo muy poco respeto hacia la verdad. Inevitablemente, las naciones más débiles están siendo manipuladas y oprimidas por las más poderosas, así como las secciones más débiles de la mayoría de las sociedades sufren en manos de los más opulentos y poderosos. Aunque en el pasado, la simple expresión de la verdad ha sido por lo general descartada como idealista, estos últimos años han comprobado que es una fuerza inmensa en la mente humana y, como resultado, al forjar la historia.

Una segunda y gran lección de Europa Oriental ha sido el cambio pacífico. En el pasado, personas esclavizadas a menudo recurrían a la violencia en su lucha por la libertad. Ahora, siguiendo las huellas de Mahatma Gandhi y Martin Luther King, estas revoluciones pacíficas ofrecen un maravilloso ejemplo de triunfo a las generaciones futuras: el cambio sin violencia. Cuando de nuevo sean necesarios grandes cambios en el futuro, nuestros descendientes podrán mirar hacia atrás en nuestro presente y verlo como un paradigma de lucha pacífica, una verdadera historia de éxito a una escala sin precedentes, que involucra más de una docena de naciones y cientos de millones de personas. Aún más, los eventos recientes han demostrado que el deseo de paz y libertad yace en el nivel más fundamental de la naturaleza humana y que la violencia es su antítesis total.

Creo que es vital abordar el tema de la violencia, cuya eliminación a todo nivel es la base necesaria para la paz mundial y la meta suprema de cualquier orden internacional.

Cada día los medios de comunicación reportan incidentes de terrorismo, crímenes y agresiones. Jamás he estado en un país en donde trágicas historias de muerte y derramamiento de sangre no llenen los periódicos y las emisoras. Dichos reportajes se han convertido casi en una adicción para los periodistas y sus audiencias por igual. Pero la inmensa mayoría de la raza humana no actúa destructivamente; muy pocos de los cinco mil millones de personas sobre el planeta, cometen en realidad actos de violencia.

La mayor parte de nosotros prefiere estar tan en paz como nos sea posible.

Básicamente, todos apreciamos la tranquilidad, incluso aquellos de nosotros dados a la violencia. Por ejemplo, cuando llega la primavera, los días se extienden, hay más luz del sol; la hierba y los árboles renacen, y todo está muy fresco. Las personas se sienten felices. En otoño, cae una hoja, luego otra, luego todas las flores hermosas mueren hasta que quedamos rodeados de plantas desnudas y sin follaje. No nos sentimos tan alegres. ¿Por qué ocurre esto? Porque en lo más profundo de nuestro ser, deseamos el crecimiento fructífero y constructivo, y nos disgusta que las cosas colapsen, mueran o se destruyan. Cada acción destructiva va en contra de nuestra naturaleza básica; el construir y ser productivo, es la forma humana.

Estoy seguro de que todos estamos de acuerdo con la necesidad de superar la violencia, pero si vamos a eliminarla por completo, debemos primero analizar si esto es de algún valor. Si abordamos esta cuestión desde una perspectiva estrictamente práctica, encontramos que en ciertas ocasiones la violencia parece útil de verdad. Uno puede resolver un problema rápidamente con la fuerza. Al mismo tiempo, sin embargo, dicho éxito es a menudo a costa de los derechos y el bienestar de los demás. Como resultado, aunque un problema se haya resuelto, ha sido plantada la semilla de otro.

Por otra parte, si la causa que seguimos es apoyada por razonamientos contundentes, no tiene sentido el uso de la violencia. Son aquellos que no tienen otro motivo más que el deseo egoísta, y que no pueden lograr sus metas a través del razonamiento lógico quienes se apoyan en el uso de la fuerza. Incluso cuando familiares y amigos están en desacuerdo, aquellos con razones válidas pueden citarlas una tras otra, y argüir sus casos punto por punto, mientras que aquellos que tienen poco apoyo racional, caen presas de la ira. Por consiguiente, la ira no es una señal de fortaleza, sino de debilidad. A fin de cuentas, es importante examinar la motivación propia y la del oponente.

Hay muchas clases de violencia y de no-violencia, pero uno no puede distinguirlas solamente por los factores externos. Si la motivación propia es negativa, la acción que produce es en su sentido más profundo, violenta, aunque pueda parecer suave y gentil. De igual manera, si la motivación personal es sincera y positiva, pero las circunstancias requieren una conducta dura, uno está esencialmente practicando la no-violencia. No importa cual sea el caso, pienso que el interés compasivo para el beneficio de los demás —no simplemente el propio— es la única justificación para el uso de la fuerza.

La práctica genuina de la no-violencia sigue siendo algo experimental en nuestro planeta, pero su búsqueda, basada en el amor y en la comprensión, es sagrada. Si este experimento tiene éxito, puede abrir el camino a un mundo mucho más pacífico.

He escuchado que el occidental ordinario considera que el uso de la resistencia pasiva no violenta a largo plazo de Gandhi no es adecuado para todos los casos, y que dicho curso de acción es más natural en el Oriente. Debido a que los occidentales son activos, tienden a buscar resultados inmediatos en todas las situaciones, incluso a costa de sus vidas. Este enfoque, pienso, no es siempre beneficioso. Pero en verdad la práctica de la no-violencia es útil para todos. Sencillamente, reclama determinación. Aunque los movimientos de libertad de Europa Oriental consiguieron sus metas rápidamente, la protesta no violenta requiere paciencia en su naturaleza intrínseca.

En este sentido, oro para que a pesar de la brutalidad de su opresión y la dificultad de la lucha que enfrentan, aquellos involucrados en el movimiento democrático en la China permanezcan siempre pacíficos. Me siento confiado en que así será. Aunque la mayoría de los jóvenes estudiantes chinos involucrados nacieron y se criaron bajo una forma de comunismo especialmente severa, durante la primavera de 1989 practicaron espontáneamente la estrategia de resistencia pasiva de Mahatma Gandhi. Esto comprueba de forma notable y clara, que finalmente todos los seres humanos desean el camino de la paz, no importa qué tanto hayan sido adoctrinados.

Yo veo al Tíbet como lo que he llamado antes una "zona de paz": un santuario neutro y desmilitarizado en donde las armas sean prohibidas y las personas vivan en armonía con la naturaleza. Esto no es meramente un sueño, es precisamente la forma en que los tibetanos intentaron vivir por más de mil años antes de que nuestro país fuera invadido. Como todo el mundo sabe, en el Tíbet todas las formas de vida salvaje eran estrictamente protegidas de acuerdo con los principios budistas. Además, por al menos los últimos 300 años, no hemos tenido ejército propiamente dicho. El Tíbet renunció a emprender guerras como un instrumento de política nacional en los siglos VI y VII, después del reinado de nuestros tres reyes religiosos.

En el tema del desarrollo de comunidades regionales y del desarme, me gustaría sugerir que el "corazón" de cada comunidad podría ser una o más naciones que hayan decidido convertirse en zonas de paz, áreas en donde sea prohibida la fuerza militar. Esto, una vez más, no es sólo un sueño. En diciembre de 1948, Costa Rica desmanteló su ejército. En 1989, 37 por ciento de la población suiza votó por el desmantelamiento de su ejército. Si toda su población opta por eso, una nación puede tomar pasos radicales para cambiar su naturaleza propia.

Las zonas de paz en el interior de comunidades regionales serviría como un oasis de estabilidad. Aunque pagaran su parte de los costos de cualquier fuerza colectiva creada por la comunidad como una entidad, estas zonas de paz serían los precursores y los modelos de un mundo enteramente pacífico y estarían exentos de participar en cualquier conflicto. Si se desarrollan comunidades regionales en Asia, Suramérica y África, y el desarme progresa de tal forma que se crea una fuerza internacional en todas las regiones, estas zonas de paz podrían expandirse, extendiendo tranquilidad al crecer.

No he incluido a las Naciones Unidas en esta discusión de la era presente porque tanto su papel crítico para ayudar a crear un mundo mejor y su gran potencial para hacerlo son muy bien conocidos. Por definición, las Naciones Unidas deben estar en el medio de cualquier cambio que ocurra. Sin embargo, puede ser necesario reformar su estructura para el futuro. Siempre he tenido grandes esperanzas en las Naciones Unidas, y sin la intención de criticar, me gustaría simplemente señalar que el clima posterior a la Segunda Guerra Mundial bajo el cual sus estatutos fueron concebidos, ha cambiado. Con los cambios ha llegado la oportunidad de democratizar aún más la ONU, especialmente un tanto exclusivo Concejo de Seguridad, con sus cinco miembros permanentes, el cual debería ser más representativo.

Me siento optimista respecto al futuro. Algunas tendencias recientes presagian nuestro gran potencial para un mundo mejor. Apenas en la década de los cincuenta y los sesenta se creían que la guerra era una condición inevitable de la humanidad. La Guerra Fría, en particular, reforzó la noción de que sistemas políticos opuestos podían solamente enfrentarse, no competir, y menos colaborar entre sí. Pocos siguen pensando así. Hoy en día, gente en todo el mundo está verdaderamente interesada en la paz mundial. Están mucho menos interesados en el planteamiento de ideologías y mucho más comprometidos con la coexistencia. Estos son desarrollos muy positivos.

Además, por miles de años se creyó que solamente una organización autoritaria, que empleara métodos rígidos de disciplina podía gobernar la sociedad humana. Sin embargo, las personas sienten un deseo innato por la libertad y la democracia, y estas dos fuerzas han estado en conflicto. Hoy, es claro cuál ha vencido. El surgimiento de movimientos no violentos del "poder popular" ha demostrado sin duda alguna, que la paz humana no puede tolerar ni funcionar apropiadamente bajo el gobierno de un tirano. Este reconocimiento representa un progreso notable.

Otro desarrollo esperanzador es la compatibilidad creciente entre la ciencia y la religión. A lo largo del siglo XIX y parte del XX, había gran confusión por el conflicto entre estas dos visiones en apariencia contradictorias. Hoy en día, físicos, biólogos y psicólogos han alcanzado niveles tan sofisticados que muchos investigadores están comenzando a formularse preguntas profundas sobre la verdadera naturaleza del universo y de la vida, las mismas preguntas que son el interés primordial de las religiones.

Por consiguiente, existe un verdadero potencial de una visión más unificada. En particular, parece que está surgiendo un nuevo concepto de mente y materia. El oriente ha estado más interesado en comprender la mente, el occidente en comprender la materia. Ahora que los dos se han encontrado, estas visiones espirituales y materiales de la vida puede que lleguen a armonizarse más.

Los cambios rápidos de nuestra actitud hacia la tierra también han sido una fuente de esperanza. Hace apenas diez o quince años, consumíamos inconscientemente sus recursos como si jamás se fueran a terminar. Ahora, no solamente los individuos, sino también los gobiernos, están buscando un nuevo orden ecológico. A menudo bromeo diciendo que la luna y las estrellas lucen hermosas, pero que si alguno de nosotros tratáramos de vivir ahí, seríamos miserables. Este planeta azul nuestro es el hábitat más encantador que conocemos. Su vida es nuestra vida; su futuro es nuestro futuro. Y aunque no creo que la tierra de por sí sea un ser sensible, en verdad actúa como nuestra madre; y, como sus hijos, dependemos de ella.

La Madre Naturaleza nos está diciendo ahora que cooperemos. Ante tantos problemas globales, como el efecto invernadero y el deterioro de la capa de ozono, las organizaciones individuales y las naciones por sí solas son impotentes. A menos que trabajemos juntos, no encontraremos soluciones. Nuestra madre nos está enseñando una lección en responsabilidad universal.

Creo que podemos decir que, debido a las lecciones que hemos comenzado a aprender, este siglo será más amistoso, más armonioso y menos perjudicial.

La compasión, la semilla de la paz, podrá florecer. Me siento lleno de esperanza. Al mismo tiempo, creo que cada individuo tiene una responsabilidad de ayudar a guiar nuestra familia global hacia la dirección correcta. No son suficientes solamente los buenos deseos; debemos asumir la responsabilidad. Los grandes movimientos humanos se derivan de las iniciativas individuales. Si sientes que no produces mucho efecto, la siguiente persona también se sentirá desanimada, y se perderá una gran oportunidad. Por otro lado, cada uno de nosotros puede inspirar a los demás sencillamente trabajando para desarrollar nuestra propia motivación altruista.

Estoy seguro de que muchas personas honestas y sinceras alrededor del mundo ya comparten las opiniones que he mencionado aquí. Por desdicha, nadie los escucha. Aunque mi voz también pueda pasar desapercibida, pensé que debía intentar hablar en su favor. Por supuesto, algunas personas pueden pensar que es muy presuntuoso que el Dalai Lama escriba de esta manera. Pero, puesto que recibí el Premio Nobel de la Paz, siento que tengo la responsabilidad de hacerlo. Si sólo hubiera tomado el dinero del Premio y me lo hubiera gastado como me complaciera, habría parecido que la única razón que tenía para expresar todas esas palabras bonitas del pasado, ¡era ganarme ese premio! Sin embargo, ahora que lo he recibido, debo pagar de regreso el honor, debo seguir abogando por las visiones que siempre he expresado.

En lo que a mí respecta, creo firmemente que los individuos pueden marcar un impacto en una sociedad. Ya que los periodos de grandes cambios tal como el presente son tan escasos en la historia humana, dependen de cada uno de nosotros darles el mejor uso posible para ayudar a crear un mundo más feliz.

※※※

Capítulo doce

La encrucijada
de la ciencia

*Este capítulo está basado en una charla impartida
por el Dalai Lama en la reunión anual de la Sociedad
para la Neurociencia el 12 de noviembre de 2005, en
Washington, D.C.*

Hemos sido testigos en las últimas décadas de
tremendos avances en los conocimientos científicos del cerebro humano y del cuerpo humano como
una totalidad. Además, con los nuevos desarrollos
en genética, los conocimientos de la neurociencia
sobre el funcionamiento de los organismos biológi-
cos han llegado ahora hasta el nivel más sutil de los
genes individuales. Esto ha dado como resultado posibilidades tecnológicas nunca antes vistas para llegar

a manipular incluso los mismos códigos de la vida, dando así origen a la probabilidad de crear realidades totalmente nuevas para la humanidad entera.

Hoy en día, la cuestión de la relación de la ciencia con la humanidad en toda su extensión ya no es un asunto de puro interés académico; esta cuestión debe asumir un sentido de urgencia para todos aquellos interesados en el destino de la existencia humana. Creo entonces que un diálogo entre la neurociencia y la sociedad podría ofrecer profundos beneficios, en el sentido de que podría ayudar a profundizar nuestros conocimientos básicos respecto a lo que significa ser humanos, y a nuestra responsabilidad hacia el mundo natural que compartimos con otros seres sensibles. Me complace notar que como parte de esta relación más extensa, hay un creciente interés entre algunos neurocientíficos por involucrarse en conversaciones más profundas con las disciplinas contemplativas del budismo.

Aunque mi interés personal en la ciencia comenzó como la curiosidad de un joven inquieto criado en el Tíbet, con el paso del tiempo he empezado a entender la enorme importancia de la ciencia y la tecnología en la comprensión del mundo moderno. No sólo he intentado comprender las ideas científicas específicas, sino también he intentando explorar las vastas implicaciones de los nuevos avances en el conocimiento humano y en el poder de la tecnología a través de la ciencia. Las áreas específicas de la ciencia que he explorado con mayor intensidad a lo largo de los años han sido la física subatómica, la cosmología, la biología y la psicología. Por mis conocimientos limitados en estos campos, me siento eternamente en deuda por el tiempo generosamente compartido conmigo con Carl von Weizsäcker y el difunto David Bohm, a quienes considero mis maestros en mecánica cuántica; y en el campo de la biología, especialmente la neurociencia, al difunto Robert Livingston y a Francisco Varela. También agradezco a los numerosos eminentes científicos con quien he tenido el privilegio de entablar conversaciones bajo los auspicios del Instituto para la Mente y la Vida, lo que inició las conferencias sobre la Mente y la Vida en 1987 en mi residencia en Dharamsala, India. Estos diálogos han continuado a través de los años y, de hecho, el último de ellos sobre la Mente y la Vida concluyó aquí en Washington hace poco.

Algunos podrían preguntarse: *¿Por qué un monje podría tener tanto interés en la ciencia? ¿Qué relación puede haber entre el budismo, una antigua filosofía india y una tradición espiritual, y la ciencia moderna? ¿Cuál sería el beneficio posible para que una disciplina científica como la neurociencia entable un diálogo con la tradición contemplativa budista?*

A pesar de que la tradición contemplativa budista y la ciencia moderna han evolucionado desde distintas raíces históricas, intelectuales y culturales, creo que en esencia comparten puntos en común significativos, especialmente en su perspectiva filosófica y metodología básica.

En el ámbito filosófico, tanto el budismo como la ciencia moderna comparten un profundo recelo respecto a cualquier noción de absolutos, ya sea en la conceptualización de un ser trascendente, como en un principio eterno e inalterable como el alma o como un sustrato fundamental de la realidad. Tanto el budismo como la ciencia, prefieren justificar la evolución y el surgimiento del cosmos y de la vida, en función de mutuas relaciones complejas de las leyes de la naturaleza de causa y efecto.

Desde la perspectiva metodológica, ambas tradiciones enfatizan el rol del empirismo. Por ejemplo, en la tradición del análisis budista, entre las tres fuentes reconocidas del conocimiento —experiencia, razón y testimonio— es la evidencia de la experiencia la que tiene antelación, la razón viene en segundo lugar y el testimonio en último. Esto significa que en el análisis budista de la realidad, por lo menos en principio, la evidencia empírica debe triunfar sobre la autoridad de los libros sagrados, no importa qué tanto puedan ser veneradas las escrituras. Incluso en el caso del conocimiento derivado a través de la razón o de la inferencia, su validez debe derivarse a fin de cuentas de hechos experimentales observados. Debido a esta visión metodológica, con frecuencia les he hecho notar a mis colegas budistas que las visiones verificadas empíricamente de la cosmología moderna y de la astronomía deben incitarnos ahora a modificar, o en algunos casos a rechazar, muchos aspectos de la cosmología tradicional encontrada en los textos budistas.

Teniendo en cuenta que el motivo primario yacente en los análisis budistas de la realidad, es la búsqueda fundamental para vencer el sufrimiento y perfeccionar la condición humana, la primera orientación de la tradición analítica budista ha sido hacia la comprensión de la mente humana y sus diversas funciones. La conjetura aquí es que al obtener una comprensión más profunda de la psique humana, podríamos encontrar formas para transformar nuestros pensamientos, emociones y su propensión subyacente para poder encontrar una forma de vida más íntegra y satisfactoria. Es en este contexto que la tradición budista ha concebido una clasificación más variada de los estados mentales, así como técnicas contemplativas para refinar cualidades mentales específicas.

Un intercambio genuino entre el conocimiento acumulado y la experiencia del budismo y de la ciencia moderna en asuntos de rangos muy variados de la mente humana, desde la cognición y la emoción hasta la comprensión de la capacidad de transformación inherente en el cerebro humano, puede entonces ser profundamente interesante y también potencialmente beneficiosa. Personalmente, me he sentido profundamente enriquecido al entablar conversación con neurocientíficos y psicólogos sobre temas tales como la naturaleza y el papel de las emociones positivas y negativas, la atención y la imaginación, así como la plasticidad del cerebro. La evidencia apremiante de la neurociencia y de la ciencia médica sobre el papel crucial del simple contacto humano, incluso hasta en el crecimiento físico del cerebro de un bebé durante las primeras semanas, nos hace entender de manera poderosa la conexión íntima entre la compasión y la felicidad del ser humano.

El budismo lleva mucho tiempo proclamando el tremendo potencial de transformación que existe naturalmente en la mente humana. Con este fin, la tradición ha desarrollado un amplio rango de técnicas contemplativas, o prácticas de meditación, dirigidas específicamente a dos objetivos principales; el cultivo del corazón compasivo y el cultivo de visiones profundas sobre la naturaleza de la realidad, las cuales se refieren a la unión de la compasión y la sabiduría. En el corazón de estas prácticas meditativas yacen dos técnicas claves: el refinamiento de la atención y su aplicación sostenida por un lado, y la regulación y transformación de las emociones, por el otro. En ambos casos, creo que puede haber un gran potencial de investigación conjunta entre la tradición contemplativa budista y la neurociencia.

Por ejemplo, la neurociencia moderna ha desarrollado una vasta comprensión de los mecanismos cerebrales que están asociados con la atención y la emoción. La tradición contemplativa budista, dada su larga historia de interés en la práctica del entrenamiento de la mente, por otro lado, ofrece técnicas prácticas para refinar la atención y regular la emoción transformadora. El encuentro de la neurociencia moderna y de la disciplina contemplativa budista, por lo tanto, puede conllevar a la posibilidad de estudiar el impacto de la actividad mental intencional en los circuitos cerebrales que han sido identificados como críticos para los procesos mentales específicos.

Mínimo, dicho encuentro interdisciplinario podría ayudar a plantear preguntas críticas en muchas áreas claves. Por ejemplo, ¿tienen los individuos una capacidad fija de regular sus emociones y su atención?, o, como plantea la tradición budista, ¿es su capacidad de regular estos procesos enormemente influenciable de cambiar, sugiriendo un grado similar de influencia en los sistemas de conducta y en los sistemas cerebrales asociados con estas funciones?

Un área en la que la tradición contemplativa budista puede ofrecer una contribución importante, son las técnicas prácticas que ha desarrollado para el entrenamiento en la compasión. Respecto al entrenamiento de la mente, tanto en la regulación de la atención como de las emociones, también llega a ser crucial plantear la cuestión de si las técnicas específicas son sensibles al tiempo en función de su efectividad, para que los nuevos métodos puedan ser diseñados para ajustar necesidades de edad, salud y otros factores variables.

No obstante, es indispensable tener cautela. Es inevitable que cuando dos investigaciones radicalmente distintas como el budismo y la neurociencia se congregan en un diálogo interdisciplinario, esto involucra problemas que acompañan normalmente a los intercambios que cruzan las fronteras de culturas y disciplinas.

Por ejemplo, cuando hablamos de la "ciencia de la meditación," debemos ser conscientes de exactamente qué queremos expresar con dicha enunciación. De parte de los científicos, creo que es importante ser sensibles a las diferentes connotaciones de un término tan importante como la *meditación* en su contexto tradicional. Por ejemplo, en su contexto tradicional la palabra para meditación es *bhavana* (en sánscrito) o *gom* (en tibetano). El término sánscrito connota la idea de la cultivación, como cuando se cultiva un hábito en particular o una manera de ser, mientras que el término tibetano *gom* tiene la connotación de cultivar la familiaridad. En resumen, la meditación en el contexto tradicional budista se refiere a la actividad mental deliberada que involucra cultivar la familiaridad, ya sea con un objeto seleccionado, un hecho, un tema, un hábito, un punto de vista o una manera de ser.

En el sentido más amplio de la palabra, hay dos categorías en la práctica de la meditación: una que se enfoca en calmar la mente y la otra en los procesos cognoscitivos del entendimiento. Nos referimos a las dos como (i) meditación estabilizadora y (ii) meditación discursiva. En ambos casos, la meditación puede tomar muchas formas distintas.

Por ejemplo, puede adoptar la forma de tomar algo como el objeto de cognición propia, tal como meditar en nuestra naturaleza transitoria. O puede tomar la forma de cultivar un estado mental específico como la compasión, desarrollando un anhelo honesto y altruista de aliviar el sufrimiento de los demás. O puede asumir la forma de la imaginación, explorando el potencial humano para generar imágenes mentales, lo cual puede ser usado en diversas formas para cultivar el bienestar mental.

Es crucial entonces estar al tanto de las formas específicas de meditación, que uno puede investigar cuando se inicia en la investigación conjunta, para que la complejidad de las prácticas meditativas estudiadas correspondan con la sofisticación de la investigación científica.

Otra área en donde se requiere una perspectiva crítica de parte de los científicos, es la habilidad de distinguir entre los aspectos empíricos de las ideas budistas y la práctica contemplativa, y las conjeturas filosóficas y metafísicas asociadas con estas prácticas meditativas. En otras palabras, así como debemos distinguir en el contexto del enfoque científico entre las suposiciones teóricas, las observaciones empíricas basadas en experimentos y las interpretaciones subsecuentes, de la misma manera es crítico distinguir las suposiciones teóricas, las características de los estados mentales verificables por medio de la experiencia y las interpretaciones filosóficas subsecuentes del budismo. De esta manera, las dos partes involucradas en el diálogo pueden encontrar un terreno común en los actos empíricos y observables de la mente humana, sin caer en la tentación de reducir el marco de trabajo de una disciplina dentro de la otra.

A pesar de que las conjeturas filosóficas y las interpretaciones conceptuales subsecuentes pueden diferir entre estas dos tradiciones investigadoras... en lo que atañe a los hechos empíricos, los hechos deben seguir siendo hechos, sin importar cómo uno decida describirlos. Sea cual sea la verdad respecto a la naturaleza final de la conciencia —ya sea o no reducible a fin de cuentas a los procesos físicos— creo que puede haber una comprensión mutua de los hechos experimentales de los varios aspectos, pensamientos y emociones.

Con esta consideración preventiva, creo que una cooperación cercana entre estas dos tradiciones investigadoras, puede contribuir verdaderamente a la expansión de la compresión humana del mundo complejo, de la experiencia subjetiva interna que llamamos mente. Ya están comenzando a demostrarse los beneficios de dicha colaboración. Según los informes preliminares, se pueden medir los efectos del entrenamiento mental —como una sencilla práctica de la atención plena con regularidad o la cultivación deliberada de la compasión según el budismo— en la atracción de cambios observables en el cerebro humano con relación a estados mentales positivos.

Descubrimientos recientes en la neurociencia han demostrado la plasticidad innata del cerebro —tanto en función de las conexiones sinápticas y del nacimiento de nuevas neuronas— como resultado de la exposición a estímulos externos como ejercicios físicos voluntarios y un entorno fortalecido. La tradición contemplativa budista puede ayudar a expandir este campo de investigación científica al proponer un tipo de entrenamiento mental que también pueda atañer a la neuroplasticidad. Si resulta, como lo implica la tradición budista, que la práctica mental puede afectar cambios observables sinápticos y neurales en el cerebro, esto podría tener implicaciones de gran alcance.

Las repercusiones de dichas investigaciones no estarán confinadas simplemente a la expansión de nuestro conocimiento de la mente humana, sino quizá de mayor importancia, podrían tener gran relevancia en nuestra comprensión de la educación y de la salud mental. De igual forma, si, como proclama la tradición budista, la cultivación deliberada de la compasión puede conllevar a un cambio radical en la perspectiva del individuo, conllevando a una mayor empatía hacia los demás, esto podría tener implicación de largo alcance para toda la sociedad.

Finalmente, creo que la colaboración entre la neurociencia y la tradición contemplativa budista puede aportar una nueva luz a la cuestión de importancia vital de la relación entre la ética y la neurociencia. Independientemente del concepto que uno pueda tener sobre la relación entre la ética y la ciencia, en la práctica real, la ciencia ha evolucionado primordialmente como una disciplina empírica con una postura moral de neutralidad, libre de valores. Ha llegado a ser percibida esencialmente como un método de investigación que ofrece conocimientos detallados sobre el mundo empírico y las leyes subyacentes de la naturaleza.

Desde el punto de vista puramente científico, la creación de armas nucleares es un logro verdaderamente sorprendente. Sin embargo, puesto que esta creación tiene el potencial de infligir tanto sufrimiento por medio de muerte y destrucción inimaginables, nosotros lo consideramos como algo destructivo. Es la valoración ética la que debe determinar lo que es positivo y lo que es negativo. Hasta hace poco, este enfoque que segregaba la ética de la ciencia, con la comprensión de que la capacidad humana para pensar de forma moral evoluciona a la par con el conocimiento humano, parece haber tenido éxito.

Creo que hoy en día estamos en una encrucijada crítica. Los avances radicales que se han llevado a cabo en la neurociencia, y particularmente en la genética hacia finales del siglo XX, nos han llevado a una nueva era en la historia de la humanidad. Nuestro conocimiento del cerebro y del cuerpo humano en los niveles celular y genético, con las consecuentes posibilidades tecnológicas ofrecidas por la manipulación genética, ha llegado una etapa tal que los desafíos éticos de estos avances científicos son enormes. Es demasiado evidente que nuestra moral simplemente no ha sido capaz de mantener el ritmo de tales progresos tan veloces en nuestra adquisición de conocimiento y poder.

No obstante, las ramificaciones de estos nuevos descubrimientos y de sus aplicaciones son de un alcance tan largo, que se relacionan con el concepto mismo de la naturaleza humana y la preservación de la especie humana. Por consiguiente, ya no es adecuado adoptar el punto de vista de que nuestra responsabilidad como sociedad es simplemente avanzar en el conocimiento científico y mejorar el poder tecnológico, y de que la decisión de qué hacer con este conocimiento y poder deben dejarse en manos del individuo.

Debemos encontrar una manera de atraer humanitarismo fundamental y consideraciones éticas que afecten la dirección del desarrollo científico, especialmente en las ciencias vivas. Invocando principios éticos fundamentales, no estoy abogando por una fusión de éticas religiosas e investigaciones científicas. Más bien, estoy hablando de lo que llamo la "ética secular" que adopta principios éticos claves, como la compasión, la tolerancia, el interés por nuestros semejantes, la consideración hacia los demás, y el uso responsable del conocimiento y del poder, principios que trascienden las barreras entre los creyentes religiosos y los no creyentes, y los seguidores de una u otra religión. Personalmente, me gusta imaginar todas las actividades humanas, incluyendo la ciencia, como los dedos de una mano. Siempre y cuando los dedos permanezcan conectados con la palma de la empatía humana básica y el altruismo, seguirán sirviendo al bienestar de la humanidad.

Estamos viviendo en verdad en un solo mundo. La economía, los medios de comunicación electrónicos, el turismo internacional y los problemas ambientales del mundo moderno, nos recuerdan a diario lo profundamente conectado que el mundo está hoy en día. Las comunidades científicas representan un papel de importancia vital en este mundo interconectado. Por cualquiera que sean las razones históricas, los científicos de hoy en día disfrutan de mucho respeto y confianza en nuestra sociedad, mucho más que mi propia disciplina de filosofía y religión. Apelo a los científicos para que lleven a su trabajo profesional los dictados de los principios éticos fundamentales, que compartimos todos los seres humanos.

✦⟨ AGRADECIMIENTOS ⟩✦

Estoy profundamente agradecido con Su Santidad el Dalai Lama por soportar durante tres décadas a un "chela" (alumno) tan inmerecedero e indigno como yo, con gran paciencia y afecto transformador. Él me ha animado con bondad y gran compasión, y ha apoyado mis esfuerzos para comprender el Dharma. Editar y realizar este libro ha sido un proyecto que me ha aportado una profunda experiencia de aprendizaje. Sus fallas son totalmente mías.

La Fundación Responsabilidad Universal y yo, estamos profundamente agradecidos con Ven Lhakdor, en su encarnación como Director de la Biblioteca de Obras y Archivos Tibetanos y como Administrador de los derechos de la Biblioteca del Tíbet, por el permiso para usar extractos de las publicaciones de ambas instituciones, y con la Oficina de Su Santidad y su ahora antiguo Secretario, el Señor Tenzin Geyche, por su ayuda y apoyo en asegurarnos y otorgarnos permiso para usar muchos otros extractos. El señor Chhime R. Chhoekyapa (Secretario), el señor Tenzin Takhla (Secretario Adjunto) y el señor Tempsa Tsering (Ministro y Representante en Delhi) por su continua generosidad con su tiempo, su sabiduría y su apoyo.

Mi familia tibetana de Tendzin Choegyal y Rinchen Khando han sido durante muchos años una fuente de gran motivación, a menudo indulgente.

Hay House ha sido una editorial maravillosa, paciente y muy motivadora. Me siento verdaderamente agradecido con Ashok Chopra, por tenderme su mano y estimularme para que expandiera mi universo como escritor con un número de libros ahora en proceso. Ratika Kapur, mi editora en Hay House, quien posee la rara cualidad de prestarle atención especial a los detalles y a detectar eslabones perdidos.

Varias personas me han ayudado con el manuscrito mientras evolucionaba, ofreciendo consejos y sugerencias invaluables. Mi gratitud hacia Swati Chopra, Shalini Srinivas, Jasjeet Purewal y Bindu Badshah.

El personal de la Fundación, en particular, Kunjo Tashi, Raji Ramanan, Thupten Tsewang y R. Lalita, ha estado presente siempre con una mano amiga. Padmini y Krishnan de Kripa Consultants y mis colegas del Public Service Broadcasting Trust, Tulika Srivastava, Ridhima Mehra, Sohni Ralia Ram, Aarti Narain y Sunil Srivastava, se han ocupado de gran parte de mis obligaciones laborales diarias para crear el tiempo y el espacio para esfuerzos como éste.

Mi esposa y mejor amiga posible, Meenakshi Gopinath; mi padre, Har Narain Mehrotra y mi difunta madre Shanti Mehrotra; y Sarada Gopinath me han enseñado mucho sobre el Dharma sin haber atendido estudios formales.

Rajiv Mehrotra
Administrador y Secretario
Fundación para la Responsabilidad Universal de
S.S. el Dalai Lama, Nueva Delhi
www.furhhdl.org

❧❧

AGRADECIMIENTOS POR EL MATERIAL CON DERECHOS DE AUTOR

Agradecemos a las siguientes personas e instituciones por el permiso de reimprimir material con derechos de autor:

- A la Biblioteca del Tíbet por los extractos de:
  – *The Way to Freedom*
  – *Awakening the Mind, Lightening the Heart*
  – *The Joy of Living and Dying in Peace*

- A la Biblioteca de Obras y Archivos Tibetanos, por los extractos de:
  – *The Buddhism of Tibet* y *The Key to the Middle Way*
  – *Universal Responsibility and the Good Heart*
  – *Cultivating a Daily Meditation*
  – *Opening the Mind and Generating a Good Heart*

- La oficina de Su Santidad el Dalai Lama, por artículos y textos hasta ahora inéditos.

LA FUNDACIÓN RESPONSABILIDAD UNIVERSAL

*"Para cumplir con los retos de
nuestra época, creo que la humanidad
debe desarrollar un gran sentido
de responsabilidad universal.
Cada uno de nosotros debe
aprender a trabajar no solamente
para nuestro propio ser, familia o nación,
sino para el beneficio de toda la humanidad.
Hoy dependemos tanto mutuamente, estamos
conectados de forma tan cercana unos con otros,
que sin un sentido de responsabilidad universal,
un sentimiento de fraternidad universal,
y una comprensión y creencia de que todos
somos parte de una gran familia humana,
no podemos esperar superar los
peligros de nuestra propia existencia,
menos aún atraer paz y felicidad."*

Su Santidad el Dalai Lama

Misión

- Promover responsabilidad universal
  de manera que respete las diferencias y
  estimule la diversidad de creencias y
  prácticas

- Construir una ética global de no-
  violencia, coexistencia, igualdad de
  géneros y paz, facilitando los procesos
  de cambio personal y social

- Enriquecer los paradigmas educacionales
  que conectan el potencial transformador
  con la mente humana

Acerca de la Fundación

La Fundación Responsabilidad Universal de Su
Santidad el Dalai Lama es una entidad sin ánimo de
lucro, sin denominación, establecida con el Premio
Nobel de la Paz otorgado a Su Santidad en 1989.
En el espíritu de la Carta de las Naciones Unidas, la
Fundación reúne hombres y mujeres de diferentes
credos, profesiones y nacionalidades, a través de un
vasto rango de iniciativas y colaboración mutua. El

trabajo de la Fundación es global en su extensión y trasciende las agendas políticas nacionalistas.

"Esta Fundación implementará proyectos
para beneficiar a las personas de todo el mundo,
enfocándose especialmente en
la asistencia de métodos no violentos,
en mejorar la comunicación
entre la religión y la ciencia,
asegurar los derechos humanos
y las libertades democráticas
y conservar y restaurar a
nuestra preciosa Madre Tierra."

Su Santidad el Dalai Lama

La visión

- Fomentar la celebración de la diversidad; el espíritu de responsabilidad universal; y la comprensión de la dependencia mutua entre doctrinas, credos y religiones.

- Apoyar la transformación personal de forma que facilite grandes procesos de cambio social.

- Desarrollar y apoyar iniciativas que apoyen el fomento de la paz y la coexistencia en regiones de conflictos violentos y rebeliones.

- Estimular y cultivar *Ahimsa* (no-violencia) como un principio rector para las relaciones entre los seres humanos y con su entorno.

- Ofrecer paradigmas inclusivos e integrales de educación cuya prioridad sea el aprendizaje experimental, el diálogo intercultural y la ética global de paz y justicia.

- Desarrollar la capacidad para la transformación de conflictos, los derechos humanos y la libertad de democracia a través de la colaboración con grupos sociales civiles a lo largo y ancho del globo.

- Explorar nuevas fronteras para la comprensión de la mente construyendo puentes entre la ciencia y la espiritualidad.

- Apoyar el desarrollo profesional de líderes futuros y de forjadores de decisiones a través de becas y confraternidades.

- Crear productos y materiales educativos para los medios de comunicación que promuevan los objetivos de la Fundación.

❧❧❧

⊰ ⌈ACERCA DEL DALAI LAMA⌉ ⊱

Su Santidad el Dalai Lama (Tenzin Gyatso) es el decimocuarto y actual Dalai Lama. Nació el 6 de julio de 1935. Era el quinto de 16 hijos de una familia de campesinos en la provincia tibetana de Amdo. A los dos años, fue proclamado el *tulku* (reencarnación) del decimotercer Dalai Lama. A la edad de quince años, fue elevado al trono como Jefe de Estado del Tíbet y su soberano político más importante, mientras el Tíbet enfrentaba la ocupación en manos de las fuerzas de la República Popular de China.

Después del colapso del movimiento tibetano de resistencia en 1959, el Dalai Lama huyó a la India, en donde estableció prontamente la Administración Central Tibetana (gobierno tibetano en exilio) con el fin de preservar la cultura tibetana y la educación entre los miles de refugiados que lo acompañaron.

Figura carismática y orador público afamado, Su Santidad es el primer Dalai Lama que ha viajado al occidente. Allí, ha ayudado a extender el budismo y a promover los conceptos de responsabilidad universal, ética secular y armonía religiosa. En 1989 recibió el Premio Nobel de la Paz por sus distinguidos textos y su liderazgo en la solución de conflictos internacionales, asuntos de derechos humanos y problemas ambientales globales.

NOTAS

NOTAS

NOTAS

NOTAS

NOTAS

NOTAS

Esperamos que haya disfrutado este libro
de Hay House. Si desea recibir un catálogo
gratis con todos los libros y productos de
Hay House, o si desea mayor información acerca
de la Fundación Hay, por favor, contáctenos a:

Hay House, Inc.
P.O. Box 5100
Carlsbad, CA 92018-5100

(760) 431-7695 ó (800) 654-5126
(760) 431-6948 (fax) ó (800) 650-5115 (fax)
www.hayhouse.com®

Sintonice **HayHouseRadio.com®** y encontrará
los mejores programas de radio sobre charlas espirituales
con los autores más destacados de Hay House.
Si desea recibir nuestra revista electrónica, puede
solicitarla por medio de la página de Internet de
Hay House, de esta forma se mantiene informado
acerca de las últimas novedades de sus autores favoritos.
Recibirá anuncios bimensuales acerca de: Descuentos
y ofertas, eventos especiales, detalles de los productos,
extractos gratis de los libros, concursos y ¡mucho más!
www.hayhouse.com®